Manipulation & Körpersprache

Menschen lesen, manipulieren & Lügen erkennen.

Lernen Sie alles über Psychologie & Manipulation, mentale Stärke & den Umgang mit Menschen Ratgeber Buch

Inhaltsverzeichnis

Manipulation und Körpersprache

Seit den 1980er Jahren gibt es in der Psychologie eine interessante Annahme. Dabei wird davon ausgegangen, dass jeder Mensch ein Manipulator ist. Nicht nur in bestimmten Momenten, sondern immer! Schon ein Baby beherrscht diese Fähigkeit. Denn durch sein Geschrei manipuliert es die Eltern, denn es schreit, damit es gefüttert wird. Eltern wiederum manipulieren ihre Kinder mit Strafen und Belohnungen.

Das wird als Erziehungsmaßnahme bezeichnet, um die Kinder in eine bestimmte Richtung zu lenken. Auch in einer Liebesbeziehung wird kräftig manipuliert. Dazu verwenden Menschen Zuwendung oder den Entzug von Liebe. Die dabei entstehenden Emotionen sind ein Wechselbad, dass manipulativ wirkt.

Es soll der Liebesbeziehung die richtige Würze geben, damit das Interesse nicht verloren geht.

Überall im Leben wird auf Teufel komm raus manipuliert: In der Freizeit, im Job, beim Einkaufen, im Freundeskreis, in der Familie. Wenn diese Hypothese wirklich stimmt, machen Menschen nichts ohne ein bestimmtes Motiv, um die eigenen Chancen zu verbessern.

Auch wenn die Manipulation nicht immer bewusst durchgeführt wird, steckt dahinter Berechnung. Es gibt eine ganze Reihe von Manipulationstechniken, die Menschen bis ins kleinste Detail beherrschen. Wer einem manipulativen Menschen begegnet, der nur darauf aus ist, sich selbst im besten Licht dastehen zu lassen, kann großen Schaden erleiden.

Da diese Personen sehr liebenswürdig sind und sehr viel Charme versprühen, werden die wahren Absichten gar nicht erst gesehen. Ihr Verhalten dient nur dazu, Sie in eine bestimmte Richtung zu lenken. Vielleicht taucht bei Ihnen dieses sonderbare Gefühl auf, das Sie zum Nachdenken anregt. Ihnen kommen Gedanken, dass da etwas nicht stimmt. Schnell schieben Sie diese Denkweise beiseite, da Sie ja nicht das Schlimmste annehmen wollen. Hätten Sie doch besser einmal mehr auf Ihr Bauchgefühl gehört.

Wenn Sie endlich merken,
dass Sie in die Manipulationsfalle getappt sind, ist es schon zu spät.
Echte Manipulatoren schaffen es meisterhaft, die wahren Absichten sehr gut zu verbergen. Die Bedenken, die sich bei Ihnen über ihren Charakter einstellen, verwandeln sie im Handumdrehen in ein schlechtes Gewissen

oder schlimmer noch in Selbstzweifel, die sich ganz automatisch bei Ihnen einstellen.

Mitunter beherrschen sie die Manipulation so meisterhaft, dass sie selbst den eigenen Täuschungen Glauben schenken. Im ganz großen Stil begegnen Sie Manipulation in der Werbung.

Das sind nicht nur die hübschen Prospekte, die Sie regelmäßig im Briefkasten haben, sondern auch die Werbepausen im Fernsehen, die in regelmäßigen Abständen, immer wenn es besonders spannend wird, den Film unterbrechen. Auch wenn Sie diese Pause für den Gang zum Kühlschrank nutzen, bleiben in Ihrem Gedächtnis Schlüsselworte aus der Werbung hängen. Ganz unbewusst werden diese abgespeichert, wenn Ihr Interesse geweckt wurde. Sie kennen das sicherlich auch: Aus heiterem Himmel haben Sie Interesse an einer bestimmten Sache, woran Sie bisher noch keinen Gedanken verschwendet haben.

Sie setzen sich an den Rechner und recherchieren, holen sich eventuell sogar Angebote über einen speziellen Gegenstand ein und glauben, dass diese Sache Ihr Leben bereichert. Hoppla! Dann hat es die Werbeindustrie geschafft, Sie zu manipulieren. Manipulation hat viele verschiedene Gesichter.

Auch mit Körpersprache funktioniert Manipulation. Es gibt aber Mittel und Wege, um Manipulation zu erkennen und sich davor zu schützen.

Was bedeutet Manipulation?

Der Begriff Manipulation ist eine Wortkombination aus den lateinischen Wörtern „manus" (Hand) und „plere" (füllen) und lässt sich sinngemäß mit Handhabung übersetzen. Da es sich bei Manipulation um versteckte Beeinflussung handelt, kommt es sehr häufig in der Psychologie, Soziologie und auf dem politischen Parkett zum Einsatz. Dabei dient es dazu, wahre Beweggründe gekonnt zu verschleiern und Sie dazu zu bewegen, Dinge zu machen, die Sie eigentlich gar nicht möchten. Die eigentlichen Motive der Manipulatoren durchschauen Sie nicht. Es gibt viele Beweggründe, warum Menschen manipuliert werden. Im Vordergrund steht dabei der Eigennutz beziehungsweise die Vorteile, die den Manipulator seinem Ziel ein Stück weit näherbringen.

Die Ausprägung von manipulativem Verhalten kann sich unterschiedlich darstellen und bedeutet nicht gleich, dass eine Störung der Persönlichkeit vorliegt. Sind die Manipulationen allerdings mit Narzissmus gleichzusetzen, handelt es sich um eine antisoziale Persönlichkeitsstörung. Ergibt sich ein eigennütziges, betrügerisches Verhalten, wird von einer Psychopathie, einer schweren Persönlichkeitsstörung gesprochen.

Manipulation ist nicht immer mit gezieltem Ausnutzen gleichzusetzen. Denken Sie einmal an unsere Politiker, die im Bundestag große Reden halten. Sie schimpfen über die anderen Parteien, werfen Ihnen Fehlverhalten vor und zaubern mit Worten ein eindrucksvolles Scheinbild, das Sie glauben machen soll, dass ihre Partei alles besser macht. Diese Manipulation dient als „Propaganda".

Propaganda bedeutet dabei nichts anderes als Meinungen manipulieren, um diese zu verändern und in eine andere Richtung zu lenken. Die Politiker verbreiten mit ihren Reden ideologisches Gedankengut, um die Bevölkerung mit Sichtweisen, Meinungen und dem erhobenen Finger zu manipulieren. Ein trauriges Beispiel für eine erfolgreiche Manipulation gibt es in der deutschen Geschichte. Gemeint ist das Dritte Reich. Mit Körpersprache, der Stimme und den richtigen gewählten Worten wurde ein ganzes Volk manipuliert. Heute ist es nicht anders. Wer sich einmal die unterschiedlichen Nachrichtensendungen anschaut oder verschiedene Tageszeitungen liest, bekommt gleiche Informationen, unterschiedlich verpackt geliefert.

Dahinter steckt Meinungsmache und Manipulation. Denn den übermittelten Informationen wird eine andere Gewichtung gegeben.

Es entsteht ein jeweils abweichendes Bild und zeigt deutlich, in welche Richtung die Information abzielt. Um das zu erkennen, müssen natürlich die Informationen hinterfragt und auf den Wahrheitsgehalt überprüft werden. Der Mensch strebt grundsätzlich ein Leben ohne emotionale Beeinflussung an, wo er autonom und frei entscheidet. Vernunft und Leidenschaft sollen Grundlage für die eigenen Entscheidungen sein und nicht das Ergebnis von Manipulation. Bedeutend ist daher, dass Sie erkennen, wenn Sie manipuliert werden. Haben Sie diese Erkenntnis erlangt, können Sie Manipulation abwehren, entgegenwirken oder diese sogar für Ihren eigenen Zweck nutzen.

Wo begegnen Menschen Manipulation?

Manipulation ist allgegenwärtig. Als wirksamer Hebel kommt dabei die Suggestion zum Einsatz, um Sie in Ihren Handlungen,

Denk- und Verhaltensweisen zu beeinflussen. Kein Mensch ist gegen Manipulation immun und lässt sich dahingehend gezielt in eine bestimmte Richtung lenken. Wer sich allerdings mit dem Thema auseinandersetzt, viel Wissen erlangt und weiß, welche Techniken zum Einsatz kommen, kann Manipulationen erkennen, hinterfragen und sogar widerstehen. Wenn Beeinflussung der Grund für Manipulation ist, geht es darum, Entscheidungen, Meinungen, Einstellungen, Gedanken und Handlungsweise zu verändern und neu zu formen. Dafür wird zu verschiedenen Arten von Beeinflussung gegriffen, um den Willen, die Einstellung, Sichtweise und sogar die Persönlichkeit zu verändern. Es gibt ein breites Feld für Manipulation mit unterschiedlicher Wirkung.

☐ ➤Autosuggestion bzw. Selbstbeeinflussung

☐ ➤Wertvorstellungen

☐ ➤religiöse Einstellungen und Glaube

☐ ➤Erziehung

☐ ➤Familie und Partnerschaft

☐ ➤Arbeitsplatz, Vorgesetzter und Chef

☐ ➤äußeres Erscheinungsbild (Kleidung, Sprache,

➤Stimme, Auftreten, Körpersprache...)

☐ ➤World Wide Web und Social Media Kanäle

☐ ➤Werbung (Zeitungen, Magazine, Flugblätter...)

☐ ➤Medien (Fernsehen, Radio...)

☐ ➤öffentliche Veranstaltungen

Die Manipulation erfolgt durch Schmeicheleien, demonstrative Überlegenheit, Provokation und das Erzeugen von Emotionen, weil damit die Aufmerksamkeit geweckt wird. Es wird geflucht, gedroht, besondere Annehmlichkeiten werden hervorgehoben, es werden positive Gefühle und Wünsche geweckt. In Kombination mit einer Aufforderung zum Handeln gelingt die

Manipulation perfekt.

Zu den weiteren Beeinflussungsmechanismen zählen:

14

☐ ➤die Wahl der Sprache

☐ ➤eine bildhafte Art sich auszudrücken und die

☐ ➤Körpersprache.

Schauen Sie sich einmal unter diesen Aspekten Werbung im Fernsehen genauer an. Was sehen Sie? Die kurzen Werbesequenzen sprechen immer eine bestimmte Altersgruppe an. Wird beispielsweise für eine Creme geworben, die Gelenkschmerzen beheben soll, greift die Werbung auf Menschen jenseits der 60 Jahre zurück. Geht es um Agilität, einen unangepassten Lebensstil, Freiheit und Abenteuer, sind junge Menschen auf dem Bildschirm zu sehen. Autohersteller nutzen in Ihrer Werbung gerne Klischees und suggerieren, dass alles zu schaffen ist, wenn dieses spezielle Auto gefahren wird. Damit spricht Werbung genau die Zielgruppe an, die als zukünftige Kunden gewünscht sind.

Diese Art von Manipulation vermittelt das Gefühl, das aktiv zugehört wird. Der manipulierte fühlt sich ernst genommen. Werbung und Politik nutzen die sogenannte Überzeugungspyramide für ihre Manipulation. Sie besteht aus mehreren Ebenen, die sich folgendermaßen von der Spitze bis zum Sockel zusammensetzen:

☐ ➤Die Spitze ist der Inhalt,

☐ ➤der Mittelteil ist die Stimme und

☐ ➤der Sockel die Persönlichkeit.

Wie die Pyramide zeigt, wirken Menschen durch Ihre Persönlichkeit und Stimme überzeugend. Der Inhalt beziehungsweise das Produkt steht erst einmal weniger im Fokus. Demnach besitzen manipulative Menschen eine besondere Ausdrucksfähigkeit und Natürlichkeit. Das strahlt Selbstsicherheit aus. Sie betreiben keinen großen Aufwand, um sich richtig darzustellen und andere zu manipulieren. Es gelingt Ihnen, schnell Widerstände und Bedenken zu beseitigen und Sie haben die Gabe, Ihre eigenen Visionen mit den Ideen des Gesprächspartners oder Zuhörers zu verbinden. Durch ständiges Wiederholen wird der Effekt verstärkt. Es kommen dabei bestimmte Worte und Wortinhalte zum Einsatz, um andere Menschen in die eigene Richtung zu lenken. Nichts anderes machen Sie selbst bei der Autosuggestion, wenn Sie etwas verändern möchten. Von großer Wichtigkeit sind daher die gewählten Formulierungen und Worte, um den Effekt zu verstärken. Diese Sprachgewalt wird von Werbefachleuten, Politikern, Therapeuten,

Medizinern und Sozialpädagogen sehr häufig genutzt.

Der österreichisch-amerikanische Kommunikationswissenschaftler, Philosoph, Psychotherapeut und Buchautor Paul Watzlawick beschreibt in seinem Buch „Die Möglichkeit des Andersseins" ein außerordentliches Phänomen. So schreibt er, dass es gelungen ist, mit Worten bei einem Kind Warzen zu entfernen. Das klingt zuerst einmal völlig absurd. Allerdings steckt dahinter eine psychosomatische Reaktion, durch die eine Verengung der Blutgefäße erfolgt und die Warze einfach abstirbt. Mit einem Geldstück erfolgt die Übertragung der Eigentumsrechte an der Warze auf einen anderen Menschen. In der Regel funktioniert dieses wirklich und zeigt, welche Macht gesprochene Worte auf Menschen haben.

Darum lassen sich Worte wie eine gefährliche Waffe einsetzen. Sie können verletzen, tiefe Wunden hinterlassen und Schmerzen hervorrufen. Verbaler Beeinflussung begegnen Sie täglich im Umgang mit Worten. Dafür werden im Sprachgebrauch Wortinhalte umgedeutet oder sogar verdreht. Anstelle von Terrorist wird von Freiheitskämpfer gesprochen, anstellen von Fremdarbeiter wird das Wort Gastarbeiter verwendet. Es gibt eine Vielzahl von Beispielen.

Zusätzlich gibt es auch noch diese gefühlsbetonten Worte, mit denen Lebensqualität zum Ausdruck gebracht und Scheintatsachen verbreitet werden. Sie dienen dazu, Dinge oder Sachen besonders gut aussehen zu lassen.

Ein schönes Beispiel: Sie haben garantiert auch schon öfter in den vielen Online-Shops eingekauft, vorher die Kundenrezensionen gelesen und sich auf die Zufriedenheit der Kunden verlassen. Es wird leider nicht deutlich, wie viele Kunden tatsächlich ihre Zufriedenheit kundgetan haben. Wurden beispielsweise 20 Aussagen über das Produkt geschrieben und davon sind 15 positiv ausgefallen,
besteht scheinbar eine hohe Kundenzufriedenheit. Doch was ist mit den vielen anderen Kunden, die sich nicht die Mühe gemacht haben, eine Rezension zu schreiben? Grundsätzlich mag das Ergebnis der Kundenzufriedenheit richtig sein. Allerdings ist es nur wenig repräsentativ.

Damit Manipulation funktioniert, wird gerne Unsicherheit verbreitet, um den eigenen Worten mehr Glaubwürdigkeit zu verleihen. Denn schwammige Äußerungen, die Suche nach den richtigen Worten und wenig klares Gerede

geben dem Gesagten einen höheren Stellenwert. Eine
besondere Wirkung hat die bildhafte Ausdrucksweise.
Wer es beherrscht, Worte bildhaft zu formulieren,
vermittelt damit Nachdruck und stellt die Wichtigkeit der
gesagten Worte in den Vordergrund. Die entstehenden
Bilder prägen sich im Langzeitgedächtnis ein. Diese
Methode findet beispielsweise bei autogenem Training
und Hypnosetherapien Anwendung. Bildhafte
Schilderungen führen dazu,
dass plötzlich Verhaltensänderungen eintreten. Die
erzeugten Bilder haben eine erstaunlich überzeugende
Wirkung, der Sie tagein und tagaus begegnen. Die Form
von Manipulation finden Sie in der Werbung und
Verkaufspsychologie. Dabei wird sich an den Wünschen
und Bedürfnissen orientiert und Verhalten sowie
Handlungen beeinflusst. In der Motivationsforschung gibt
es das Grundmodell namens AIDA. Diese vier Buchstaben
stehen für:

A = Aufmerksamkeit erregen

I = Interesse wecken

D = Drang hervorrufen, um den Wunsch zu erfüllen

A = Aktion (Kaufen Verkaufen, Handeln)

Gelingt es dem Manipulator die Wünsche und Bedürfnisse von anderen Personen richtig einzusetzen, kann er die Menschen von außen steuern und nachhaltig beeinflussen. Die Werbung macht sich diese Möglichkeit von Manipulation zunutze, wie beispielsweise Coca-Cola mit folgender Kernaussage:

„Mach mal Pause – trink Coca-Cola!"

Mit dieser Aussage hebt das Unternehmen, die Wichtigkeit von einer Auszeit, Arbeitsunterbrechung und Pause hervor und geht auf ein menschliches Bedürfnis ein. Damit erreichen sie, dass in Verbindung mit Coca-Cola immer der gleiche Gedanke entsteht. Es wird sich Zeit für eine Pause genommen und gleichzeitig die Wahrnehmung geschärft, dass nur mit diesem köstlichen Softdrink die Auszeit zu einem besonderen Erlebnis wird.

Unterschiedliche Manipulationstechniken

Es gibt eine Vielzahl von Manipulationstechniken. Sie werden in verschiedenen Bereichen eingesetzt, um durch die Manipulation beste Ergebnisse zu erzielen. Zu finden sind Sie nicht nur im Gespräch mit einem anderen Menschen,

sondern bei Verhandlungen, in Verkaufsgesprächen, bei Präsentationen, auf Werbeveranstaltungen, in Radio- und Fernsehwerbung und in der Politik, wo sie sich als Propaganda tarnt. Folgende 10 Manipulationstechniken kommen am häufigsten zum Einsatz:

1. **Herdentrieb**
2. **Beharrungsmethode**
3. **Autoritätstrick**
4. **Gesetz der Knappheit und Exklusivität**
5. **Freundschaftstrick**
6. **Wiederholungen**
7. **selektive Informationen**
8. **schlagende Argumente**
9. **emotionale Tricks**
10. **Gegenseitigkeitsprinzip (Reziprozitätsprinzip)**

Um zu verstehen,

was es mit diesen Manipulationstechniken auf sich hat,

erfahren Sie in der nachfolgenden Ausführung:

1. Herdentrieb

Der Herdentrieb wird auch oft für Manipulation genutzt,
da Menschen der Meinung sind, dass Millionen von
Menschen nicht irren können. Das reicht als Beweis. Doch
wer die Lemminge kennt, weiß genau, dass der
Herdentrieb zu dummen Dingen verführt. Daher sollte
Vorsicht walten, wenn es um Gruppendruck und
Rezensionen geht. Wenn Sie wissen, was Ihnen wichtig
ist, können Sie sich dem Herdentrieb entgegenstellen und
diesem Weg der Manipulation entgegenwirken. Ein
schönes Beispiel für den Herdentrieb ist, dass
Unternehmen ihr Produkt als meistverkauftes darstellen.
Genauso wird in Talkshows an strategisch wichtigen
Stellen Klatschen oder Gelächter eingefügt. Es dient dem
Erreichen von Aufmerksamkeit und gleichzeitig dazu, dass
Sie zum Lachen animiert werden, auch wenn der Witz
oder die Aussage flach ist.

2. Beharrungsmethode

Aus dem kleinen Finger, den Sie jemand anderem reichen wird schnell eine komplette Vereinnahmung. Diese Methode entspricht dem „Fuß in der Tür"-Prinzip und bewegt Sie dazu, den ersten kleinen Schritt zu machen, der in eine bestimmte Richtung geht. Der erste kleine Gefallen, den Sie einem anderen Menschen zukommen lassen, wird als Türöffner verwendet, um Sie anschließend leichter beeinflussen bzw. überreden zu können. Vielfach reicht es schon, wenn Sie gefragt werden, ob Sie sich eine Sache kurz anschauen können. Anschließend kommt garantiert die Frage, ob Sie die Aufgabe übernehmen. Durch die verwendete Beharrungsmethode ist die Wahrscheinlichkeit groß, dass Sie nicht nein sagen. Entscheiden Sie nicht nach dem Prinzip „Wer A sagt, muss auch B sagen", sondern hören Sie lieber auf Ihr Bauchgefühl. Es sagt Ihnen, ob Sie das wirklich wollen oder nicht!

3. Autoritätstrick

Bei dieser Manipulationstechnik wird die Kombination aus sicherem, überzeugendem Auftreten und glaubhaft klingenden Argumenten genutzt.

Dabei entsprechen aber die Argumente nicht unbedingt der Wahrheit. Die Technik funktioniert tadellos, wenn kein Autoritätsanspruch vorhanden ist. Autorität kann sich auch ausgeliehen werden, wie es so mancher Manipulator macht, der sich hinter einer vermeintlichen Autorität versteckt. Der dahinter liegende Zweck ist die Unterbindung aller Zweifel. Stanley Milgram liefert mit seinem Elektroschock-Experiment ein gutes Beispiel für den Autoritätstrick. Denn in Versuchen wird deutlich, dass 60 Prozent der Teilnehmer, die durch Autoritäten angeleitet wurden, keine Bedenken hatten, den Versuchsteilnehmern Stromstöße zu versetzen, die durch ihre Stärke den Tod herbeiführen würden. Nach jedem vermeintlichen Stromstoß wurde von den Probanden vor Schmerzen aufgeschrien, gestöhnt und gebettelt, den Versuch zu beenden. Doch die autoritätsangeleiteten Teilnehmer haben sich nicht darauf eingelassen, weil Experten sie beeinflusst haben.

Dass Wissen Macht ist, dürfte jedem klar sein. Daher sollten Sie sich immer informieren, gerade wenn Widerstand aufkommt. Hinterfragen Sie den Expertenstatus. Wird Ihnen eine Antwort darauf verwehrt, sollten bei Ihnen die Alarmglocken besonders laut läuten! Denn da ist garantiert etwas faul.

Dem Autoritätstrick begegnen Sie überall. Und wenn Sie einmal ehrlich sind, haben Sie folgende Sätze auch schon überzeugt:

- ☐ Amerikanische Wissenschaftler haben in Studien herausgefunden...
- ☐ Das Ergebnis einer namhaften Unternehmensberatung hat gezeigt...
- ☐ Unsere Produkte sind mit dem Qualitätssiegel des mehr oder weniger renommierten Instituts...

4. Gesetz der Knappheit und Exklusivität

Aus der Werbung kennen Sie den Satz „Solange der Vorrat reicht!" nur zu genau. Er kommt nicht nur bei den Teleshopping-Kanälen zum Einsatz, sondern wird in fast jeder Werbung eingesetzt. Damit wird beim Kunden das Gefühl erzeugt, dass das Produkt fast ausverkauft ist. Schnell machen sich Gedanken breit, dass dieses Produkt erstrebenswert ist. Ansonsten würde es ja nicht so begehrt und fast ausverkauft sein.

Diese augenscheinlichen Engpässe sind Werbestrategien, die Sie manipulieren, indem das Produkt attraktiv gemacht wird.

Um dieser Manipulation zu entgehen, sollten Sie ergründen, wo Ihre Bedürfnisse liegen und sich nicht unter Druck setzen lassen. Durch Schlagworte wie Auktion, Ausverkauf, Schnäppchen oder Sonderedition wird Ihre Entscheidung beeinflusst. Plötzlich werden Dinge zur Priorität, auch wenn vorher kein Gedanke daran verschwendet wurde. Kommen Sie einer solchen Manipulation auf die Schliche, brauchen Sie kein schlechtes Gewissen zu haben, wenn Sie die Aufforderung nicht annehmen.

5. Freundschaftstrick

Der Freundschaftstrick basiert darauf, dass Sie Menschen, die Ihnen bekannt sind, selten einen Wunsch abschlagen. Durch Floskeln wie „Angenehm! Ich freue mich Sie kennenzulernen!" wird eine angenehme Atmosphäre geschaffen. Damit ist der Weg für die Beeinflussung durch den Manipulator geebnet. Erkennen können Sie diese Art von Manipulationen an auffälligen Verhaltensweisen des Gegenübers. Er spiegelt Ihr Verhalten, Ihre Körpersprache, gesprochenen Worte und Ihre Aussagen. Ein gutes Beispiel dafür sind Gebrauchtwagenhändler aus US-amerikanischen Serien, die ganz zufällig das gleiche Hobby wie der spezielle

Kunde haben.

6. Wiederholung

Wenn Sie immer ständigen Wiederholungen ausgesetzt werden, sind Sie leichter zu manipulieren. Denn nicht umsonst besagt das Sprichwort: „Steter Tropfen höhlt den Stein!" Mit der ständigen Wiederholung wird die Glaubwürdigkeit von Aussagen erhöht. Dieses kommt einer Gehirnwäsche gleich, da die Tendenz steigt, dass Sie eine gemachte Behauptung für bare Münze nehmen. Gleichzeitig wird die Bekanntheit erhöht, was wiederum Vertrauen erweckt. Ein gutes Beispiel dafür sind Werbespots, die regelmäßig mit einer hohen Häufigkeit wiederholt werden, genauso wie Markensymbole bei Sportereignissen, die an vielen Stellen immer wieder auftauchen.

7. Selektive Informationen

Manipulation erfolgt in diesem Fall durch Weglassen und Herausstellen von relevanten Details. Dabei gibt es einen sehr großen Gestaltungsspielraum zwischen Wahrheit und Lüge, der genutzt wird. Wichtig ist, dass Sie die möglichen Interessen des Manipulators erkunden. Damit erhalten Sie Anhaltspunkte und können Vorsicht walten lassen.

Selektive Informationen bekommen Sie beispielsweise bei Propaganda und Studien, die eine vorgezeichnete Zielsetzung verfolgen.

8. Schlagende Argumente

Schlagende Argumente stellen die Möglichkeit bereit, eine einzelne Person oder eine ganze Gruppe zu beeinflussen. Diese Form von Manipulation verhindert jede weitere Diskussion über ein bestimmtes Thema. Schlagende Argumente bzw. Killerphrasen sind beispielsweise:

- Das wurde immer so gemacht!
- So geht das sowieso nicht!
- Uns geht das nichts an!

9. Emotionale Tricks

Über Emotionen gestaltet sich eine Manipulation recht einfach, da an das Gefühl und nicht an die Vernunft appelliert wird. Wenn ein Anliegen auf der sachlichen Ebene nicht durchsetzbar ist, lassen sie sich mitunter über die Emotionsschiene durchsetzen. Die Manipulationstechnik kommt zum Einsatz, um die Kritikfähigkeit einzuschränken oder zu unterbrechen.

Genutzt wird der emotionale Trick mit traurigen Fotos bei Spendenaktionen, Horrorszenarien und bildlichen Darstellungen in Verkaufsgesprächen mit anschließendem Geschäftsabschluss. Die Reziprozitätsregel gehört zu den meistangewandten Formen von Manipulation, der Sie immer wieder ausgesetzt sind. Darum gibt es dafür ein eigenes Kapitel.

Reziprozitätsregel, das Gegenseitigkeitsprinzip

Zitat: *„Bezahle jede Schuld, als schreibe Gott die Rechnung."* Ralph Waldo Emoson

Es gibt keine Kenntnisse darüber, ob der Ruritanier und Philosoph bereits das Gegenseitigkeitsprinzip verinnerlicht hat. Allerdings verdeutlicht dieses Zitat die Verpflichtung zur Gegenseitigkeit ganz deutlich. Es gibt auch zahlreiche Soziologen, wie beispielsweise Alvin Gouldner, die diese Regel in menschlichen Gesellschaften nachweisen konnten. Denken Sie einmal an die sozialen Netzwerke. Der Zusammenhalt entsteht durch Reziprozität. Es entstehen Seilschaften, Klüngel und Kumpanei, die sich durch bestimmte Redensarten zum Ausdruck bringen. Es heißt mit anderen Worten: „Eine Hand wäscht die andere" oder „wie du mir, so ich dir".

Ein Beispiel: Mit kleinen Gefälligkeiten ein schlechtes Gewissen erzeugen, gehört zu den meistgenutzten Manipulationstechniken. Eine Gesellschaft, die funktioniert, beruht auf Gegenseitigkeit und Austausch.

Die Reziprozitätsregel beschreibt ganz allgemein, dass Menschen, die etwas erhalten, überaus motiviert sind, auch etwas zurückzugeben bzw. eine Gegenleistung zu erbringen. Das Gegenseitigkeitsprinzip in Bezug auf Manipulation basiert auf dem Ausnutzen, sodass das Gleichgewicht zwischen Geben und Nehmen aus den Fugen gerät, da hinter dem Erwidern eine spezielle Absicht verborgen liegt. Die andere Person fühlt sich manipuliert, wodurch sich eine Störung im Zusammenleben einstellt.

Bleiben Sie achtsam, damit die Gefälligkeitsfalle beim Manipulieren nicht zuschnappt. Wer den Reziprozitäts-Effekt richtig einzusetzen weiß, stellt bei Ihnen eine hohe Anfälligkeit für Beeinflussen her und schafft es, Sie im Nu gefügig zu machen. Durch die subtile Wirkung entsteht eine übergroße Schlagkraft. Sie kennen doch diese Gratisproben, die Sie im Supermarkt oder vor Geschäften angeboten bekommen. Genau diese funktionieren nach dem Prinzip. Verkäufer, die Ihnen anbieten, Ihre Hände zu pflegen oder „noch einen Schluck zu kosten" zielen auf Ihr schlechtes Gewissen ab. Damit wird erreicht, dass Sie arglos in die Gefälligkeitsfalle tappen. Das Resultat: Sie kaufen die tolle Handcreme oder den köstlichen Obstsaft. Mit dieser perfiden Masche gelingt es beispielsweise

Promotern im Supermarkt tolle Umsätze zu generieren.

So hat Vance Packard, ein Superpromoter aus den 50er Jahren, die Kunden dazu aufgefordert, eine Gratisprobe selbst vom Käse abzuschneiden und dadurch in wenigen Stunden 500 Kilogramm Käse verkauft. Der anfänglichen Gier sind diese Kunden letztendlich zum Opfer gefallen.

Ein weiteres Beispiel hat die Organisation amerikanischer Kriegsversehrter im Repertoire. Sie verzeichneten bei standardmäßigen Spendenaufrufen einen Rückgang der Spendenbereitschaft von rund 18 Prozent. Enthielten die Spendenaufforderungen allerdings ein kleines Geschenk, wie beispielsweise eine hübsche Postkarte, wurde ein Anstieg der Erfolgsquote von über 35 Prozent verzeichnet. Das mag zwar plump erscheinen, zeigt aber eine große Wirkung. Durch Geschenke wird das Gefühl von Verbundenheit erzeugt und gleichzeitig macht sich Schuldgefühl breit. Die dadurch entstehende Belastung gib den Motivationsschub, etwas dagegen zu machen. Keiner möchten den Stempel des Schnorrers aufgedrückt bekommen. Darum passiert es auch, dass Menschen mitunter Geschenke nicht annehmen. Die Wissenschaft hat das natürlich auch untersucht und konnte folgendes nachweisen:
Damen, die sich von Herren einladen lassen, werden als

leicht zu haben eingestuft. Diese Einstufung ist bei Männern und Frauen gleich! Wer dieser Form von Manipulation in die Falle geht, ist viel schneller bereit, Zugeständnisse zu machen. Das gilt insbesondere bei Verhandlungen. Denn es geht nicht nur darum, sich zu revanchieren, sondern vielmehr um folgendes: Derjenige, der als erster ein Opfer bringt, hat viel leichteres Spiel, die Zeit für die Gegenleistung zu bestimmen und diese dann auch einzufordern.

Ein kleines Beispiel: Sie gehen zu Ihrem Chef, mit der Bitte um eine Gehaltserhöhung von 10 Prozent. Ihnen ist bereits vorher klar, dass seine Antwort „geht nicht, ist unmöglich" lauten wird. Also versuchen Sie es nach ein wenig Smalltalk mit einer fünfprozentigen Gehaltserhöhung plus Spesen... Und Schwuppdiwupp haben Sie Ihren Chef in der Tasche. Sie haben gerade von den anfänglich 10 Prozent Gehaltserhöhung 5 Prozent geopfert. Dadurch wird es Ihrem Chef deutlich schwerer fallen, Ihre Bitte, um mehr Geld abzulehnen. Werfen Sie einmal einen genaueren Blick auf Tarifverhandlungen von großen Gewerkschaften. Am Anfang stehen immer völlig überzogene Forderungen.

Das hat einen ganz bestimmten Grund: Trotz Abstrichen,

die während den Verhandlungen gemacht werden,
kommen die Gewerkschaften dem eigentlich gewünschten
Ziel deutlich näher. Hier wird das Spiel des
Gegenseitigkeitsprinzips bis zur perfekten Vollendung
gespielt. Es ist aber auch Vorsicht geboten! Denn
Überreizen führt dazu, dass genau das Gegenteil eintritt.
Die israelische Universität Bar-Ilan hat Untersuchungen
dazu durchgeführt. Die Ergebnisse zeigten, dass durch
unrealistische, überzogene Forderungen dem
Verhandlungspartner die Ernsthaftigkeit an den
Verhandlungen abgesprochen werden.

Ein späteres Entgegenkommen wird als nötiges
Geraderücken und nicht als echtes Zugeständnis gesehen.
Es stellt sich der Effekt ein, den Sie gar nicht haben
wollten:
Die eigentliche Wirkung des Gegenseitigkeitsprinzips hat
sich in Luft aufgelöst.

Gegen Reziprozitäts-Fallen können Sie sich aber
hervorragend wehren.
Eine Möglichkeit ist, dass Sie Geschenke kategorisch
ablehnen. Allerdings steckt nicht hinter jedem Geschenk
die Erwartung, etwas zurückzubekommen.

Es gibt sogar Menschen, die Schenken, weil sie Ihnen eine Freude machen wollen, ohne eine lange vermeintlich bestehende Schuld zu begleichen. Überlegen Sie daher genau, ob Sie dieses wenig soziale Verhalten wirklich einsetzen möchten. Schauen Sie lieber genauer hin, ob mit den Geschenken ein bestimmter Zweck verfolgt wird. Jetzt haben Sie die Möglichkeit, den Spieß einfach umzudrehen, das Geschenk anzunehmen. Weiter nichts! Handeln Sie ruhig danach, was Ihnen die Reziprozitätsregel aufzeigen. Jeden Versuch Sie auszunutzen, sollten Sie für sich selbst nutzen.

Disrupt then reframe – Vorsicht! Hier geht es um eine gefährliche Art von Manipulation

Gerade, wenn Sie im Verkauf tolle Umsätze generieren wollen, sollten Sie sich diese drei Worte unbedingt gut einprägen. Aber auch diejenigen, die sich gegen DTR zur Wehr setzen möchten, sollten genauer schauen. Denn „disrupt then reframe" ist die manipulativste und einflussreichste der ganzen Verkaufstechniken, die es überhaupt gibt. Mit Sicherheit lassen sich heftige Diskussionen darüber führen, ob die Verkaufstechnik ethisch vertretbar ist und angewendet werden sollte. Darüber, dass diese Technik wirklich und sehr gut funktioniert, lässt sich nicht diskutieren. Das bestätigen sogar wissenschaftliche Studien. Doch was steckt hinter dieser Methode und wie ist die Funktionsweise?

Die Einfachheit von DTR hat eine bestechende Wirkung

Starten wir mit einem Beispiel: Es klingelt an Ihrer Haustüre und draußen steht ein Mensch mit bunten Postkarten, die er für eine Hilfsorganisation verkaufen möchte. Er ist mit einem selbstgebastelten Ausweis unterwegs und bietet Ihnen vermeintliche, von Kinderhänden gemalte Karten an, die in großen Mengen China Ware sind und Ihnen diese teuer verkaufen möchte. Ein Päckchen mit acht bunten Postkarten kostet Sie 3 Dollar. Ein solches Szenario wurde von US-amerikanischen Wissenschaftlern untersucht. Sie kamen zu dem Ergebnis, dass 4 von 10 Haushalten die Karten für den überteuerten Preis gekauft haben. Dementsprechend liegen die Erfolgschancen bei 40 Prozent.

Die Forscher gingen den nächsten Schritt und haben "disrupt then reframe" eingesetzt. Der Kartenverkäufer an der Haustüre erzählte jetzt, dass das Päckchen mit 8 Karten 300 Pennys kosten. Als Nachsatz direkt hinterher: „Das ist ein wahres Schnäppchen!" Jetzt fragen Sie sich sicherlich, was das bringen soll. Sie werden staunen! Das bringt nämlich eine ganze Menge.

Der Türverkäufer konnte einen Verkaufserfolg von 80 Prozent vorweisen und hat damit die Anzahl der Haushalte, die gekauft haben, verdoppelt. Jetzt waren es 8 von 10 Haushalten.

Diese Verwirr- und Umdeutungstechnik spielt mit Ihrem Verstand. Darum wird sie als gefährlich und bedenklich eingestuft. Denn es passiert Folgendes:

☐ Im ersten Schritt erfolgt eine gezielte Störung Ihrer Denkroutinen und Muster. Bisher kannten Sie noch kein Angebot von "300 Pennys". Ein solches Angebot ist nicht üblich und beansprucht die gesamte Aufmerksamkeit, weil Sie darüber nachdenken müssen, wie viele Pennys einen Dollar ergeben. Warum verwendet der Verkäufer nicht Dollar oder Euro, sondern ganz kryptisch „300 Pennys" oder Cent? Was steckt dahinter?

☐ Bei Ihnen hat sich ein wahres Gedankenchaos eingestellt. Genau dieser Moment wird für die Umdeutung genutzt. Diese muss binnen weniger Sekunden erfolgen. Denn nur solange der Verwirrung anhält, stellt sich der gewünschte Effekt ein. Hier kommen Nachsätze wie „das ist eine einmalige Gelegenheit" ins Spiel.

Schnäppchen oder Sonderangebote funktionieren auch sehr gut. Damit werden Sie manipuliert, sodass Sie einfach zuschlagen müssen. Durch Ihren verwirrten Verstand sind Sie so abgelenkt, dass sich die Umdeutung in voller Stärke und Größe entfalten kann. Sie akzeptieren die vermeintlich gute Deutung und machen sich weiß, dass es nur eine einmalige Gelegenheit sein kann und dass Sie keine Zeit haben, die Aussage des Verkäufers zu überprüfen. Das funktioniert aber nur bei Face-to-Face-Geschäften wie in Ladenlokalen oder auf Märkten. Für den Online-Handel ist die Technik weniger zu gebrauchen.

Wissenschaftliche Beweise für disrupt then reframe

Stellen Sie sich gerade die Frage, wie die Technik anderweitig einsetzbar ist? Diese Frage haben sich auch verschiedene Wissenschaftler gestellt. Darum gibt es mittlerweile bereits 14 Studien mit mehrerer Hundert Teilnehmer. Die Ergebnisse sind erstaunlich.

- [ ] Es stellte sich eine gesteigerte Spendenbereitschaft ein.
- [ ] Menschen lassen sich mit der Methode dazu verführen, an Umfragen teilzunehmen,
- [ ] ihre Meinung zu ändern
- [ ] und alle möglichen Produkte zu kaufen.

Gerade in der Phase des Verwirrens kamen kindliche Züge zum Ausdruck. Bei einem Wohltätigkeitsbasar bezeichneten die Forscher Cupcakes als „Halfcakes" oder bei einem weiteren Versuch kamen einfach eine Umstellung von Worten zu Einsatz. Anstelle von „some money" wurde „money some" verwendet, auch wenn diese Wortkonstellation grammatikalisch völlig sinnfrei ist. Die Technik hatte eine umso größere Wirkung.

Das soll jetzt kein Ansporn sein, „disrupt then reframe"
einzusetzen. Vielmehr soll diese Erklärung aufklären und
das Bewusstsein stärken, um festzustellen, wann Sie mit
DTR konfrontiert werden. Leider gibt es keinen
sicherwirkenden Schutz. Den ersten Schritt, den Sie
machen können, wenn sich bei Ihnen das nächste Mal
Verwirrung vor dem Kauf einstellt, einfach nichts kaufen!

Gaslighting – sind Sie emotionaler Manipulation ausgesetzt?

Wenn Sie das Gefühl haben, dass Ihre Sinneseindrücke in letzter Zeit fehlgeleitet sind, ist es durchaus möglich, dass Sie emotionaler Manipulation zum Opfer gefallen sind. Diese Art von Manipulation wird als Gaslighting bezeichnet. Sie führt dazu, dass Sie scheinbar Ihren eigenen Emotionen und Erinnerungen kein Vertrauen mehr schenken können. Auslöser dafür ist ein vertrautes Verhältnis zwischen Ihnen und dem Manipulator. Darum schöpfen Sie auch vorerst keinen Verdacht. Das hat fatale Konsequenzen, da Sie in Ihrer Denkweise und mit Ihren Gefühlen zur Marionette werden. Gaslighting lässt sich aber herausfinden, sodass Sie dagegen angehen können.

Was genau ist Gaslighting?

Gaslighting wird für eine spezielle Art von Manipulation verwendet und beschreibt eine Art von Missbrauch, bei der stückweise Ihr Selbstvertrauen demontiert wird. Dabei werden Sie über eine längere Zeit hinweg manipuliert und Zweifel gestreut, um das Vertrauen in Sie selbst zu erschüttern und letztendlich zu zerstören.

Es gibt ein Theaterstück aus dem Jahr 1938 von Patrick Hamilton. Es heißt Gaslight und zeigt die Vorgehensweise dieser psychischen Manipulation auf. In späteren Jahren wurde das Stück auch verfilmt. Die deutsche Version trägt den Titel „Das Haus von Lady Alquist". Der manipulative Ehemann versucht durch Kleinigkeiten seine Frau in den Wahnsinn zu treiben. So ändert er beispielsweise im Umfeld die Lichtquellen durch Gasbeleuchtung und behauptet, dass er das nicht gemacht hat. Er behauptet, dass seine Ehefrau sich irrt und treibt dieses Spiel immer weiter. Die Manipulation nach dieser Vorgehensweise beruht auf einer gezielten Täuschung, damit die andere Person die eigene Wahrnehmung infrage stellt. Dafür verwendet der Manipulator hauptsächlich folgendes Schema:

- ☐ ➤ irreführen

- ☐ ➤ abstreiten

- ☐ ➤ lügen

- ☐ ➤ widersprechen

Das vorhandene Vertrauensverhältnis wird durch den Manipulator dafür genutzt, um Verunsicherung zu schaffen und dadurch eine seelische Abhängigkeit herzustellen.

Sein Ziel ist, Sie vollständig zu beherrschen und zu manipulieren. Gaslighting sollten Sie nicht als lapidar einschätzen. Denn grundsätzlich ist diese Art von Manipulation ein einschneidender, seelischer Missbrauch, der sogar soweit führen kann, dass die systematische Zerstörung des Selbstvertrauens und der Wahrnehmung Sie in den Wahnsinn treibt. Wer Gaslighting zum Opfer fällt, braucht psychologische Unterstützung. Ansonsten werden die Erfahrungen nicht verarbeitet und es wird keine neue Stabilität erlangt.

Welcher Menschenschlag setzt Gaslighting ein?

Da jeder Mensch manipuliert werden kann, besteht bei jedem die Gefahr, seelisch manipuliert zu werden. Ganz besonders häufig verwenden Narzissten und religiöse Führer die seelische Manipulation. Sie kommt einer Gehirnwäsche gleich, von der Sie nichts merken, da Gaslighting ganz langsam durchgeführt wird. Doch warum kommt es überhaupt so weit? Diejenigen, die sich seelisch manipulieren lassen, sehen im Manipulator einen

Menschen, dem umfassendes Wissen und größte Kompetenz zugeschrieben werden.

Im Gegensatz dazu, fühlen Sie sich selbst nur als kleines, unscheinbares Licht. Sie werden emotional abhängig. Um Sie zu manipulieren, werden Tatsachen verdreht. Ereignisse bestimmter Art haben einfach nicht stattgefunden. Der Manipulator verbreitet Lügen und seine Verhaltensweisen und Formulieren sorgen für große Verunsicherung. Ihnen wird weiß gemacht, dass Sie sich irren und alles ganz anders war oder ist. Erleben Sie Gaslighting in Ihrer Partnerschaft, wird von einer dysfunktionalen Beziehung gesprochen.

Die Manipulatoren haben vielfach eine Persönlichkeitsstörung, die sich in einer narzisstischen Ader darstellt. Sie handeln aus einer sadistischen Emotion heraus, um den Partner emotional abhängig zu machen. Mit Macht und Kontrolle wollen sie das Opfer beherrschen. Vielfach erwächst ein solches manipulatives Verhalten aus der eigenen Angst, dass Sie den Manipulator verlassen könnten. Rücksichtnahme gibt es im Denken und Handeln dieser Menschen nicht. An erster Stelle stehen die eigenen Interessen. Für echtes Mitgefühl fehlen diesen Personen die Fähigkeiten. Es ist auch nicht möglich, mit ihnen sachliche Diskussionen zu führen, da sie gleich gekränkt sind, aggressiv oder sogar gewalttätig werden.

Sie sind sehr geschickt in Ihrer Vorgehensweise und versuchen anderen weiszumachen, dass diese verrückt seien. Diesen seelischen Missbrauch übt für gewöhnlich eine nahestehende Person aus wie beispielsweise ein enger Freund, der Partner oder sogar die Familie. Anders gesagt: Vertrauenspersonen, die Ihnen wichtig sind und auf die Sie sich verlassen, können zum Täter werden und Sie seelisch manipulieren. Neben dem Eindringen in Ihre Wohnung, um den Computer zu manipulieren, Gegenstände umzustellen und zu beschädigen kann eine extreme Ausprägung sogar zu Stalking führen.

Auch wenn jeder Opfer von emotionalem Missbrauch sein kann, sind überwiegend Frauen davon betroffen. Obwohl es keine empirischen Studien gibt, kann der Grund für Gaslighting bei Frauen die klassische Rollenverteilung sein. Männer haben dabei in einer Beziehung die dominante Rolle inne, der sich Frauen zu fügen haben. Unter den Tätern sind aber auch Frauen zu finden. Immer, wo zwischenmenschliche Beziehungen bestehen, kommt es zu manipulativem Verhalten. So machen Eltern ihren Kindern ein schlechtes Gewissen, damit sich mehr in der Schule angestrengt oder im Haushalt geholfen wird.

Weibliche Täter gehen auch einen Flirt mit anderen Männern ein, damit der eigene Mann eifersüchtig wird. Damit wollen sie bezwecken, dass wieder um sie geworben wird, er ihnen eine teure Uhr kauft oder wieder miteinander geschlafen wird. Alle diese Dinge sind bereits Versuche der Manipulation, selbst wenn sie noch recht harmlos sind. Ähnlich setzen sie sich im Job fort.

Emotionale Manipulation auf der Arbeit

Im privaten Umfeld können Sie emotional manipulativen Menschen aus dem Weg gehen. Schwierig gestaltet sich das aber auf der Arbeit. Denn ganz gleich, ob Sie Teilzeit oder Vollzeit arbeiten, für 20 Stunden sind Sie mindestens den emotionalen Attacken ausgesetzt.

Emotionale Manipulation tritt oftmals auch zusammen mit Bossing und Mobbing auf. Es entstehen aus dem Nichts heraus Situationen, wo ein Angestellter vor der ganzen Belegschaft bloßgestellt und Tatsachen verdreht werden. Da es keinen ersichtlichen Grund für diesen öffentlichen Angriff gibt, wird mit einer solchen Attacke überhaupt nicht gerechnet. Warum zu dieser Vorgehensweise gegriffen wird, hat verschiedene Gründe. Mitunter mag Gaslighting für die Erhaltung der eigenen Macht eingesetzt werden.

Greift der Vorgesetzte zu Mobbing, steht vielfach der Versuch dahinter, unliebsame Mitarbeiter loszuwerden, denen nicht so einfach gekündigt werden kann.

Gaslighting – die Anzeichen

Häufig läuft emotionaler Missbrauch nach einem ähnlichen Schema ab. Der Betroffene braucht aber erst einige Zeit, um die Wiederholungen im Schema zu erkennen. Prinzipiell gehört es zur Normalität, die Meinung von anderen Menschen zu hinterfragen und mit der eigenen Meinung zu vergleichen. Wenn sich das Gefühl einstellt, dass Ihre Wahrnehmung beeinflusst wird, weil eine andere Person Ihnen etwas einredet, sollten alle Alarmglocken angehen. An folgenden Beispielen können Sie erkennen, ob jemand versucht, Sie emotional zu manipulieren:

☐ ➤Sind Sie verrückt geworden?

☐ ➤Mit Ihnen ist es nicht auszuhalten!

☐ ➤Seien Sie froh, dass ich noch hinter Ihnen stehe!

☐ ➤Da spielt Ihnen Ihre Einbildung einen Streich!

☐ ➤Ich habe das nie gesagt!

☐ ➤Ihre Wahrnehmung funktioniert nicht richtig!

☐ ➤Haben Sie schon wieder vergessen, was ich

Ihnen gesagt habe?

☐ ➤Sie scheinen an Realitätsverlust zu leiden!

☐ ➤Ihr Erinnerungsvermögen spielt Ihnen einen

Streich.

☐ ➤Sie verdrehen die Tatsachen. So ist das niemals

passiert.

☐ ➤Mein Gott, sind Sie aber empfindlich!

☐ ➤Sie sollten besser einmal einen Psychologen

aufsuchen.

Tatsächlich stellt sich durch Gaslighting eine selektive
Wahrnehmung ein, die durchaus lückenhaft sein kann.
Ein guter Hinweis liefert Ihnen Ihr Bauchgefühl, auf das

Sie ruhig hören sollten, um ein Gespür für emotionale Manipulation zu entwickeln. Die folgenden typischen Anzeichen stammen von der amerikanischen Psychologin Dr. Stephanie Sarkis, auf die Sie genau achten sollten.

☐ **Schuldfrage**

Die Frage nach der Schuld ist ziemlich schnell geklärt, da Ihnen immer der „Schwarze Peter" zugeschoben wird. Damit Sie selbst glauben, dass Sie der Schuldige sind, werden Behauptungen aufgestellt, dass Sie der Verursacher sind. Es wird gesagt, dass Ihnen alles genau erklärt wurde, bis Sie sich den nicht passenden Schuh endlich anziehen. Das hat zur Folge, dass Sie beginnen, sich zu verbiegen.

☐ **Scheinheiligkeit**

Es gibt diese Personen, die Ihnen bei Begebenheiten freundlich gegenübertreten und so tun, als ob nichts gewesen wäre und im nächsten Moment wird von dieser Person gegenüber anderen Personen steif und fest behauptet, dass das Gegenteil der Fall ist. In einer solchen Situation ist es schwer, den Beweis zu erbringen, dass die Tatsachen verdreht wurden. Zudem wissen

Gaslighter sehr geschickt zu verhindern, dass Sie die vermeintlichen Tatsachen ins rechte Licht stellen und sagen, was tatsächlich geschehen ist.

☐   Zeitrahmen

Das Fatale an Gaslighting ist der Zeitraum, den der emotionale Missbrauch einnimmt. Hier und dort werden kleinere und größere Unwahrheiten erzählt. Das fällt erst einmal gar nicht auf, bis sich daraus eine große Gefahr entwickelt hat.

☐   Intrigen

Gaslighter sind Meister im Intrigen schmieden. Sie sind sehr gut darin, Behauptungen aufzustellen. Dazu kommt, dass sie wahre Lügenbarone sind. Machen Sie sich daher immer bewusst, dass Gesagtes durchaus frei erfunden sein kann, um Unsicherheit bei Ihnen zu verbreiten. Die emotionale Manipulation wird Sie so weit bringen, dass Sie kein Vertrauen mehr haben und sich selbst von Menschen zurückziehen, die gar nichts Böses im Schilde führen. Der Gaslighter hat es geschafft, Sie zu isolieren und die Kontrolle über Sie zu erlangen.

So wehren Sie sich gegen Gaslighting

Zuerst müssen Sie die Anzeichen von Gaslighting erkennen. Das ist der erste wichtige Schritt. Sind Scham und Angst Ihre ständigen Begleiter, stimmt garantiert etwas nicht. Mit dem folgenden Tipp gelingt es Ihnen aber, sich gegen emotionale Manipulation zu wehren:

1. Brechen Sie den Kontakt zu den Menschen ab, bei denen sich immer diese Gefühle von Scham und Angst einstellen. Durch die **Distanz** und ohne die bösartigen, manipulierenden Eingaben haben Sie die Chance, wieder klar zu denken und Selbstvertrauen zurückzugewinnen.

2. Suchen Sie sich **professionelle Hilfe**. Therapeuten und Psychologen kennen sich mit den verschiedenen Manipulationsmethoden aus. Mit ihrem Fachwissen werden sie Sie verstehen, die Methode herausfinden, die hinter der Manipulation steckt und Ihnen helfen. Durch die Hilfestellungen gelingt es Ihnen, dass angeschlagene Selbstwertgefühl wiederaufzubauen. Sie sehen wieder klarer und können im Alltag wieder Ihren Mann stehen.

3. Suchen Sie sich **Unterstützung** in der Familie
    und im Freundeskreis und erzählen Sie diesen
    Menschen von Ihren Beobachtungen. Diese
    Personen werden Ihnen helfen und Ihnen bei
    Ihrer eigenen Wahrnehmung bestärkend zur Seite
    stehen. Genauso können Sie als Zeugen dienen,
    wenn die manipulierende Person gegenwärtig ist
    und verhindern, dass diese wieder versucht, Sie
    emotional zu manipulieren. Vielfach wird der
    Manipulationsversuch nur durchgeführt, wenn Sie
    mit dem Manipulator alleine sind. Als Erstes
    müssen Sie der sozialen Isolation den Rücken
    kehren, in die Sie durch den Manipulator gebracht
    worden sind. Denn diese ist für den Gaslighter
    wichtig, damit er Sie komplett kontrollieren kann.
    Eine sehr effektive Wirkung haben Verbündete
    oder eine dritte Person, die Sie hinzuziehen.

4. Indem Sie von eigenen Gesprächen Protokolle
    führen, Fakten und Aussagen in einem Tagebuch
    festhalten, haben Sie den Beweis, dass Sie nicht
    verrückt sind, sondern manipuliert werden. Das
    Aufgeschriebene stärkt das Selbstbewusstsein und
    zerstreut aufkommende Zweifel.

Denn Sie können die Richtigkeit der eigenen Wahrnehmung schwarz auf weiß belegen. Es gelingt Ihnen Lügen aufzudecken und in die Offensive zu gehen, gerade wenn der Manipulator alles leugnet.

Wichtig: Gehen Sie keine Diskussionen mit dem Gaslighter ein, wenn Sie die Wahrheit aufdecken wollen. Damit verschwenden Sie nur wertvolle Kraft und Energie, ohne ein positives Ergebnis zu erreichen. Viele Menschen, die andere emotional manipulieren, glauben fest an ihre fehlgeleitete Realität. Schaffen Sie Distanz zwischen Ihnen und dem Täter und legen Sie den Fokus auf Ihr zukünftiges Leben. Stellen Sie ein ausgeprägtes Selbstbewusstsein her. Das ist der beste Schutz von emotionaler Manipulation. Gehen Sie achtsam durchs Leben, nehmen Sie Veränderungen bewusst wahr und überprüfen Sie diese auf ihre Richtigkeit.

5 Strategien verdeckte Manipulationen zu erkennen und abzuwehren

Es gibt unterschiedliche Strategien, mit denen Sie manipulative Menschen erkennen. Solche Personen gibt es im direkten Umfeld, in der Familie, aber genauso im Freundes- und Bekanntenkreis und im Job. Der engste Wegbegleiter ist dabei der Partner. Wenn Sie das Gefühl haben, dass aus diesem Umfeld verdeckt Einfluss auf Sie genommen wird, können Sie mit verschiedenen Abwehrmöglichkeiten Manipulationen aufdecken und entgegenwirken.

1. Auf eine fragwürdige Beschaffung von Informationen achten

Wenn Sie Gespräche führen, achten Sie genau darauf, wie sich das Gespräch darstellt. Nimmt es Formen eines Interviews an, sodass nur eine sehr einseitige Kommunikation erfolgt, will der Gesprächspartner mehr über Sie erfahren und Informationen zu sammeln. Anschließend werden die Informationen dafür genutzt, um Sie zu manipulieren und in die gewünschte Richtung zu bringen.

Damit das gelingt, muss die andere Person Wissen über Ihre Stärken und Schwächen erlangen. Ein guter Manipulator zeichnet sich durch seine vermeintlichen Stärken aus. Seine Schwächen weiß er sehr gut zu verstecken. Ihre Schwächen werden von ihm genutzt, um Sie zu beeinflussen, ganz gleich, ob für Sie am Ende daraus ein Schaden entsteht. Es gibt aber gute Möglichkeiten, gegen das Aushorchen vorzugehen. Wenn Sie spüren, dass die Kommunikation zu einseitig ist, versuchen Sie den Spieß umzudrehen und mehr über Ihren gegenüber zu erfahren.

Ein gelungenes Gespräch beruht auf gegenseitigem Austausch und wird nicht zum Interview. Versuchen Sie nur Dinge im Gespräch preiszugeben, worüber der Gesprächspartner Bescheid wissen sollte und lassen Sie sich nicht von ihm dahingehend beeinflussen, tiefer in Ihre Denkweisen und Emotionen einzudringen, um mehr zu erfahren. Das Gespräch lenken Sie in eine andere Richtung, indem Sie viele Fragen stellen oder mit Gegenfragen kontern. Im besten Fall erzeugen Sie beim Gesprächspartner das Gefühl, dass er nichts über Sie erfährt. Damit wird die Situation entschärft.

2. Wahrheiten mit doppeltem Boden

Menschen, die Ihre Denkweisen manipulieren möchten, nehmen es mit der Wahrheit nicht so ernst. Es werden Geschichten erzählt, die so nie geschehen oder nur die halbe Wahrheit sind. Oft sind diese Menschen so gut darin, dass die Informationen nicht direkt als Halbwahrheit oder Lügen erkannt werden. Dieses begründet sich darauf, dass Manipulatoren kein schlechtes Gewissen dabeihaben, wenn sie sich eine Geschichte zusammenbauen, die ihrem Zweck dienlich ist. Lügen lassen sich aber schnell enttarnen. Denn der Gesprächspartner kommt bei gezielten, augenscheinlich belanglosen Fragen in Erklärungsnot. Er antwortet ausschweifend und versucht sich überschwänglich zu rechtfertigen.

Besonders Situationen, die am Image des Lügners kratzen und ihn ins falsche Licht rücken, bedürfen aus seiner Sicht einer besonderen Darstellung. Es gibt spezielle Situationen, wo Lügner sofort auffallen. Ein gutes Beispiel dafür ist der Vorwurf, nicht fair, sondern eigennützig gehandelt zu haben oder Kritik im Job.

Wenn Sie das Gefühl haben, zweifelhaften Wahrheiten gegenüberzustehen, entwaffnen Sie diese Person mit Fragen. Gibt es gar keine oder nur ausweichende Antworten und stellt sich Nervosität ein, können Sie davon ausgehen, dass Sie gerade einen Lügner ertappt haben. Weitere, gezielte Fragen sorgen sogar für einen Rückzug.

3. Übertriebenen Charme genauer betrachten

Eine der größten Waffen von Manipulatoren ist übertriebener Charme. Daher sollten Sie genauer hinschauen, ob das charmante Auftreten dem Naturell entspricht oder nur aufgesetzt ist, um Ihnen zu schmeicheln und mehr über Sie zu erfahren. Erkennen können Sie Manipulatoren an folgenden Indizien:

- Bevor eine Bitte ausgesprochen wird, erhalten Sie Komplimente.
- Es werden nur in Situationen Gefallen getan, wenn für die Person ein Vorteil dabei herausspringt.
- Bestimmte Gesten werden nur zum eigenen Vorteil genutzt.
- Charme wird nur dann eingesetzt, wenn die Situation Vorteile verspricht.
- Weniger charmant sind diese Personen in anderen, nicht Vorteile bringenden Situationen.

Wenn diese Punkte zutreffen, haben Sie es mit einem Menschen zu tun, der aus eigennützigen Gründen charmant ist. Es ist kein ehrlicher, aufrichtiger Charme, sondern eine oberflächliche Verhaltensweise, die nur zum

Eigennutz eingesetzt wird.

Solche Menschen sind Blender, von denen Sie sich nicht hinters Licht führen lassen sollten. Daher beobachten Sie genau und hinterfragen Sie die Beweggründe für das charmante Verhalten. Charmanter Umgang sollte nicht in Verbindung mit Bedingungen stehen, genauso wenig wie einen Gefallen, den Sie jemandem erweisen, nicht an Voraussetzungen gebunden sein. Sagen Sie ruhig einmal „Nein", wenn Sie eine Person mit Charme umgarnt und anschließend etwas von Ihnen möchte. Durch oberflächlichen Charme wird schnell die eigene Gutmütigkeit ausgenutzt, weil der klare Blick vernebelt wird.

4. Rollenmuster lassen sehr tief blicken

Manipulatoren stellen sich als Märtyrer da und werden als gutmütige, helfende, aufopfernde Menschen gesehen, die augenscheinlich alles richtig machen. Diese scheinbaren Opfer, die von der Person erbracht werden, rufen bei anderen Mitgefühl und Sympathie hervor, die nur dazu dient, eine andere Person zu manipulieren. Menschen, die manipulieren wollen, erkennen schnell die Schwächen von anderen Personen und nutzen diese, um Sie emotional zu erpressen. Denn sie wissen genau, was Ihnen Schmerzen bereitet. Mit gezielter Kritik rufen sie ein Minderwertigkeitsgefühl hervor und kratzen an Ihrem Selbstbewusstsein.

Das Ergebnis dieser Situation ist das Gefühl der emotionalen Verpflichtung, sodass Sie sich selbst in die Rolle drängen, dass Sie Ihrem gegenüber etwas beweisen müssen. Eine angebliche Vertrauensbasis kann auch ein Indiz für ein bestimmtes Rollenmuster sein, dass letztendlich auf eine Manipulation hinausläuft. Ein gutes Beispiel ist ein Geheimnis, das Ihnen anvertraut wird, welches später mit einem bestimmten Gefallen verknüpft wird.

Hierbei können Sie sich sicher sein, dass diese Person Sie manipulieren und zum eigenen Vorteil nutzen möchte. Achten Sie darauf, ob das Anvertrauen des Geheimnisses nur dazu dient, um mehr über Sie zu erfahren. Diese erlangten Informationen werden garantiert später gegen Sie verwendet. Erfüllen Sie die zugedachte Rolle nicht, werden Sie ignoriert oder sogar mit Missachtung und Ignoranz bestraft. Wenn Ihnen eine andere Person diese Rolle aufdrängen möchte, wo Mitgefühl im Vordergrund steht und von Ihnen Gefallen abverlangt werden, sollten Sie „Nein" sagen. Gefallen erweisen hat grundsätzlich uneigennützige Gründe. Manipulative Menschen spielen mit Ihren Emotionen und versuchen Ihnen Geheimnisse zu entlocken, indem sie Ihnen ein schlechtes Gewissen machen. Die beste Möglichkeit, Rollenmuster zu erkennen, ist beobachten, die eigene Meinung vertreten und nicht voreilig Vertrauen zu schenken.

5. Überprüfen Sie, ob Ihre Entscheidungen frei von Manipulation sind

Menschen, die manipulieren wollen, zeichnen sich dadurch aus, dass sie auf Meinungen und Entscheidungen anderer Einfluss nehmen. Um eine Manipulation zu erkennen, müssen Sie die eigene Entscheidungsfreiheit genauer betrachten und reflektieren. Das gelingt Ihnen mit folgenden Fragen:

- Ist die Entscheidung ohne das Zutun von anderen getroffen worden?
- Ist bei der Entscheidungsfindung Druck von außen ausgeübt worden?
- Wird die eigene Meinung von einer anderen Person stark beeinflusst?
- Gibt es Ängste, dass jemand durch die eigene Entscheidung enttäuscht werden können?
- Gibt es Konsequenzen, wenn Ihre Meinung nicht anders ausfallen sollte?

Wenn Sie diese Fragen mit „Ja" beantworten, wird Ihre Entscheidungsfreiheit durch einen manipulativen Menschen beeinflusst und entspricht nicht mehr Ihren Emotionen und Bedürfnissen.

Diese werden hintenangestellt und finden keine
Berücksichtigung. Für den Manipulator ist das eigene
Wohl und Ziel vorrangig. Alles andere bleibt dabei auf der
Strecke.

Wichtig: Keiner hat das Recht dazu, über Ihren Kopf
hinweg Entscheidungen zu treffen. Sie sollten auf Ihr
eigenes Urteilsvermögen vertrauen. Erachten Sie eine
Entscheidung als richtig und gut, setzen Sie sich ohne
Einschränkungen durch. Ihr gesunder Menschenverstand
leitet Sie richtig. Nur weil jemand auf sein Recht pocht,
heißt das noch lange nicht, dass Ihre Entscheidung falsch
ist. Durch Reflexion erkennen Sie, auf welcher Grundlage
Ihre Entscheidung basiert. Sind die Argumente
überzeugend, sollten Sie nicht von Ihrer Meinung oder
Entscheidung abweichen und sich nicht beeinflussen
lassen.

Körpersprache – ohne Worte reden

Auch wenn die Körpersprache ein starkes Instrument von Manipulatoren ist, sollte nicht vergessen werden, dass sie nur ein Teil der nonverbalen Kommunikation darstellt, mit der Ihnen ein schlechtes Gewissen gemacht werden kann. Vielmehr gehören Mimik und Gestik auch dazu. Je kontrollierter der gegenüber den Umgang damit beherrscht, desto leichter fällt es ihm, Menschen zu beeinflussen und für sich einzunehmen. Viele glauben zu wissen, wie nonverbale Kommunikation funktioniert.

Doch wird einmal genauer geschaut, zeigt sich, dass es gar nicht so einfach ist. Es gibt viele versteckte Signale, die mit Armen, Händen und Mikromimik übermittelt werden. Wahre Profis auf dem Gebiet schaffen es, Sie schneller zu manipulieren als Sie gucken können. Es werden wenige Millisekunden dauernde nonverbale Signale ausgesandt, die Sie gar nicht bemerken und schon hat der Manipulator Sie in seinen Fängen. Alles, was Sie in Ihrem Umfeld und an anderen Menschen wahrnehmen, beeinflusst Sie in Ihrem Denken und Handeln. Ist der Wahrnehmungsreiz groß genug, wird ein biochemischer Vorgang in Gang gesetzt, nachdem die Sinneseindrücke verarbeitet werden.

Sobald dieses geschieht, wird eine Manipulation hervorgerufen. Wäre diese Reaktion nicht erfolgt, wären Sie auch nicht versteckt beeinflusst worden.

Die Macht der Körpersprache gegenüber dem gesagten Wort

Sehr deutlich wird beispielsweise die Macht der Körpersprache bei politischen Rednern, die mit bestimmten Gesten und Mimik dem gesprochenen Wort mehr Gewicht geben und die große Bedeutung hervorheben. Das gesprochene Wort hat nur einen Stellenwert von sieben Prozent. Im Gegensatz dazu beanspruchen 93 Prozent die nonverbalen Signale bzw. die Körpersprache, womit eine optimale Basis geschaffen wird, um mit Gestik, Mimik, Körperhaltung, Armen und Händen andere Menschen zu manipulieren. An der Körpersprache kann abgelesen werden, ob sich der gegenüber wohlfühlt oder nicht. Mit der Kombination aus Stimme, Körpersprache und Körperhaltung wird schnell die innere Einstellung verraten. Einen Menschen, der die Macht der Körpersprache kennt, weiß genau, wie er die Ausdrucksweise, das Sprechtempo, Pausen und die Körpersprache einsetzen muss, um Sie in die gewünschte Richtung zu bringen und dahingehend zu beeinflussen. Der Auftritt liefert ein Gesamtbild. Das Schöne daran ist, dass Sie Körpersprache trainieren und für Ihren eigenen Nutzen einsetzen können.

Genauso können Sie aber auch über die Körpersprache Ihren gegenüber entlarven, wenn er Ihnen gerade Lügen auftischt. Dafür gibt es sogar einige wissenschaftliche Belege. In einer Unterhaltung entdecken Sie schnell die Lüge, wenn die Worte und die Körpersprache in einem Spannungsverhältnis stehen. Zu erkennen ist die Unwahrheit an der Symmetrie. Wird die Wahrheit gesagt, ergibt sich ein symmetrisches Bild. Versucht man Ihnen eine Lüge aufzutischen, gerät das Körperbild aus dem Gleichgewicht und wird asymmetrisch. Erkennen können Sie die Lüge oder eine Halbwahrheit beispielsweise an schief hängenden Schultern, aufgeblähten Nasenflügeln und an den Augen. Der Gesprächspartner weicht Ihren Blicken aus und kann Ihnen nicht in die Augen schauen.

Wer die Körpersprache richtig beherrscht und damit dem gesprochenen Wort noch mehr Kraft verleiht, ist in der Lage zu manipulieren. Dabei werden einladende Gesten, genauso wie Mimik, Mikroimpressionen und Körperkonstitutionen verwendet.

Körpersprache deuten und unterschiedliche Gesten dechiffrieren

Selbst wenn kein Wort über Ihre Lippen kommt, spricht Ihr Körper. Und wird gesprochen, sprechen Sie immer zwei verschiedene Sprachen – einmal die gesagten Worte und gleichzeitig redet der Körper. Die Körpersprache kann ein wirklich bösartiger Verräter sein, wenn nicht in Worte gefasst wird, was Sie wirklich denken und fühlen. Ihr Körper bringt ihre eigentlichen Emotionen und Gedanken in Körperhaltung, Mimik und Gestik zum Vorschein.

Sie kräuseln die Lippen, ziehen eine Augenbraue hoch, blähen die Nasenflügel auf oder rümpfen die Nase und schon weiß der Gegenüber Ihre wahren Gedanken und Emotionen. Es entsteht nur dann ein stimmiges Gesamtbild, wenn die Körpersprache mit den gesagten Worten zusammenpasst. Es entsteht Authentizität und Glaubwürdigkeit. In der Kommunikation hat die Körpersprache einen hohen Stellenwert, ganz gleich, ob im Gespräch mit Kollegen, beim Vorstellungsgespräch, bei Verhandlungen oder im Kontakt zu Kunden. Selbst beim Smalltalk wird nicht nur auf die gesagten Worte, sondern auch auf die Sprache des Körpers geachtet.

Um Manipulation aufzudecken ist es wichtig, dass Sie die Mimik und Gestik richtig deuten und dechiffrieren können. Denn damit erkennen Sie schnell,
was der Gesprächspartner mit seinen Worten bewirken möchte.

Körpersprache wird als Erfolgsfaktor gewertet, da Gesten eine unbeschreibliche Macht besitzen. Allerdings spalten sich die Geister in zwei Lager, wenn es um das Thema Körpersprache geht. Das eine Lager ist der Meinung, dass der Hype um Mimik und Gestik stark übertrieben ist und die Wirkung vielfach überschätzt wird. Stimmen aus dem anderen Lager hingegen vertreten die Meinung, dass Körpersprache ein wichtiger Faktor für die Wirkung und Individualität ist. Es wird kräftig geübt und trainiert, da der eigene Erfolg nach Ihrer Meinung mit einer überzeugenden Körpersprache eng verbunden ist. Irgendwo dazwischen liegt die Wahrheit über Körpersprache. Genauso hat die Äußerung „Man kann nicht „nicht" kommunizieren" von Paul Watzlawick seine Richtigkeit. Denn Gesten und Körperhaltung sprechen für sich, auch wenn keine Worte gesagt werden. Es gibt sogenannte Hochstatus-Gesten, die auch als Power Posen bezeichnet werden.

Sie haben nicht nur eine große Wirkung auf andere Menschen, sondern können das eigene Selbstwertgefühl steigern. Folgende Gesten drücken einen sehr hohen Status und besonders viel Macht aus:

- ☐ ➤eine aufrechte und stille Kopfhaltung

- ☐ ➤eine kraftvolle Stimme

- ☐ ➤elegante und langsame Bewegungen

- ☐ ➤offenes, unverkrampftes Lächeln

- ☐ ➤geschmeidige Bewegungsabläufe

Es gibt verschiedene Gesten, die beim Spiel um Anerkennung und Status eingesetzt werden. Kommen diese kontrolliert zum Einsatz, fällt es deutlich leichter, andere Menschen für sich selbst einzunehmen. Körpersprache hat allerdings zwei ganz unterschiedliche Seiten. Eine Seite davon ist sogar sehr gefährlich. Die versteckten Signale, die mit der Körperhaltung, der Mimik sowie Armen und Händen ausgesendet werden, zielen darauf ab, Sie zu manipulieren und für die eigene Sache einzunehmen. Menschen, die Manipulation richtig beherrschen, brauchen keine Worte, um Ihnen ein schlechtes Gefühl zu geben und Ihre Gedanken zu beeinflussen. Seien Sie sich im Klaren darüber, dass Körpersprache manipulativ ist.

So begegnen Sie offensichtlichen Signalen, aber auch solchen, die sich viel subtiler darstellen.

Sie nehmen versteckt Einfluss auf Ihre Gedanken und Wahrnehmung. Über diese Einflussnahme haben Sie keine Kontrolle. Denken Sie immer daran, dass Sie durch alles, was Sie wahrnehmen, beeinflusst werden. Denn das Gehirn nimmt nicht nur die gesagten Worte auf, sondern auch die Gestik und Mimik. Ist ein Reiz stark genug, um in den Zellmembranen das Gleichgewicht der Ionen durcheinander zu bringen, stellt sich eine ganz spezielle Reaktion ein. Damit ist der biochemische Vorgang gemeint, der die Verarbeitung der Sinneseindrücke durchführt. Sobald in einer Zelle durch einen Reiz eine Reaktion ausgelöst wird, stellt sich eine versteckte Beeinflussung ein. Gäbe es den Reiz nicht, würde auch keine Manipulation erfolgen.

Nicht nur, dass Sie durch Körpersprache manipuliert werden, Sie selbst manipulieren genauso. So können andere Menschen beispielsweise von Ihrer Körperhaltung die momentane Laune ablesen. Die Signale, die Sie aussenden, lösen bei anderen Personen Reize aus. Sie selbst nutzen beispielsweise diese Reize, um den größten

Nutzen daraus zu ziehen. Körpersprache kann also manipulieren.

Allerdings lässt sich mit ihr keine bestimmte Reaktion hervorrufen, die nicht Ihren Interessen, Werten oder innigsten Wünschen entspricht.

Darum ist die Manipulation alleine durch die Körpersprache nicht so wirkungsvoll, da innere Werte eine größere Macht haben. Die Manipulation durch die Körpersprache funktioniert nur, wenn bereits eine innere Neigung in diese Richtung vorhanden ist. Das gilt speziell bei Werbung. Sie können sich beispielsweise stundenlang eine Werbung für Bier anschauen, ohne gleich den Wunsch nach einem Bier zu verspüren. Wenn Sie sich dafür aber Werbung von Zalando oder About You anschauen, sind Sie nicht mehr zu bremsen.

Bedenken Sie immer, dass Körpersprache zum großen Teil unbewusst geschieht. Oder haben Sie schon einmal über Ihre Körperhaltung, die Bewegungen von Händen und Armen oder über den momentanen Gesichtsausdruck nachgedacht? Dadurch haben andere Menschen einen tiefen Einblick und können ungefiltert Ihre Gedanken und Emotionen ablesen. Wenn Sie verhindern wollen, dass ein anderer Mensch Sie manipuliert, sollten Sie lernen, sich der Körpersprache bewusst zu werden und diese so einzusetzen, dass Sie davon Nutzen haben.

Damit machen Sie es einem Manipulator schwer, Sie in die Opferrolle zu drängen. Sie haben mittlerweile so viel darüber erfahren, wie Sie sich von Manipulation durch Gesagtes schützen können.
Jetzt geht es nur noch darum, die Körpersprache richtig zu nutzen. Folgende Tipps werden Ihnen dabei helfen:

1. Begeben Sie sich auf das gleiche Niveau wie Ihr gegenüber. Das ist wortwörtlich gemeint. Denn damit schaffen Sie es Höhenunterschiede auszugleichen und sorgen dafür, dass Gesagtes richtig wahrgenommen und nicht mehr verdreht wird. Sobald Sie mit der anderen Person auf Augenhöhe sind, verschwindet die bedrohliche, überlegene Wirkung. Wenn jemand versucht Sie zu manipulieren, über Sie Gerüchte in die Welt setzt und Sie diese Person zur Rede stellen wollen, sollten Sie nicht nach oben oder unten schauen. Denn damit schwächen Sie Ihre Position.

2. Ein wahres Multitalent der Körpersprache ist das Lächeln. Und das Beste daran: Sie können es ganz bewusst und gezielt einsetzen. Dadurch strahlen Sie Selbstbewusstsein, innere Stärke und Selbstvertrauen

aus.

3. Genauso wie Mimik, Gestik und weitere Aspekte gehört zur Körpersprache auch ein gewisser Abstand, der respektiert werden sollte.

Im Klartext bedeutet das: Niemanden zu nah an sich heranlassen und den Abstand zur anderen Person auch einhalten.

4. Sind Sie sich Ihrer Körpersprache bewusst? Damit Sie Körpersprache perfekt einsetzen können, müssen Sie die Wirkung auf andere verstehen. Darum sollten Sie herausfinden, welche Signale durch Ihre Körpersprache gesendet werden. Wer sich klein fühlt und wenig Selbstbewusstsein hat, drückt dieses auch mit der Körpersprache aus. Manipulatoren, die auf der Suche nach einem neuen Opfer sind, werden Sie sofort ausfindig machen.

Die Deutung von Körpersprache

Es gibt eine ganze Menge Menschen, die Power-Posen und Machtgesten perfekt beherrschen. Politiker, Vorgesetzte, Firmenbosse und all diejenigen, die andere Menschen von etwas überzeugen möchten. Nicht selten verdanken diese Personen ihre Popularität und die Position, die sie besitzen, dieser Fähigkeit. Trotzdem lässt sich die Körpersprache nicht immer eindeutig und richtig dechiffrieren. Manchmal ist es die Vorahnung oder ein merkwürdiges Gefühl in der Magengrube, die zu der Annahme verleiten, dass etwas nicht in Ordnung ist. Es fällt auf, dass die gesagten Worte etwas ganz anderes ausdrücken als die Körpersprache. Es fehlt Harmonie. Selbst die kleinsten Nuancen werden vom Unterbewusstsein registriert.

Betrachten Sie nie die Körpersprache getrennt, ohne die gesagten Worte. Denn damit reißen Sie Mimik und Gestik aus dem Kontext. Durch das Training Ihrer Sensoren und dem Ausbau Ihres geistigen Radars sind Sie aber in der Lage negative und positive Signale zu lokalisieren. Mit dem erlangten Wissen gelingt es Ihnen, passend darauf zu reagieren.

Folgende nonverbale Botschaften sollten Sie sich merken. Diese werden Sie garantiert bei vielen Menschen beobachten, die Körpersprache perfekt beherrschen:

positiv	negativ
Die Person stellt oder setzt sich zu Ihnen und begibt sich physisch auf Ihre Ebene.	Wenn Sie sitzen bleibt die Person stehen, um Hierarchie und Macht zu demonstrieren.
Es wird Blickkontakt gehalten und damit Interesse symbolisiert.	Es gibt kaum Blickkontakt, es wird geblinzelt und die Lippen zu einem schmalen Strich geformt.
Anstatt vor dem Raum stehenzubleiben, wird dieser ohne Umschweife betreten. Ein Symbol für Vertrauen.	Im Gespräch werden die Arme verschränkt oder die Hände auf den Hüften abgestützt. Ein Zeichen von Skepsis.
Ruhige, nicht ausladende Bewegungen. Die Hände sind geöffnet und womöglich die Handflächen sichtbar, dies zeigt Vertrauen.	Hände werden unter dem Tisch oder in der Hosentasche versteckt, die Finger sind verschränkt oder die Hände zu Fäusten geballt. Die Gestik zeigt Nervosität und ist

	asymmetrisch. Damit wird Misstrauen zum Ausdruck gebracht.
Hände reiben bedeutet Zufriedenheit.	Ungeduld und Ärger kommen zum Ausdruck, wenn die Finger mit Gegenständen beschädigt werden.
Schräge Kopfhaltung im Gespräch zeugt von Zufriedenheit	Kopf kratzen oder Nase kratzen sind Zeichen für Zweifel
Anpassung der Körpersprache und Gesten gleich Sympathie	Unterlagen ausbreiten bedeutet Abgrenzung
Lockerer Stand und herüber lehnen symbolisiert Vertrautheit	Blickt Ihnen über die Schulter, wendet sich ab und erreicht damit Distanziertheit
Die Person hält sich in Ihrer Nähe auf und symbolisiert damit Zuneigung.	Es wird sich nicht vorgestellt und kaum gesprochen, dies ist ein Zeichen für Abneigung

Power-Posen – für Selbstsicherheit und Stressabbau

Jeder kennt diese Posen, die Kraft, Stärke und Energie versprühen. Ein gutes Beispiel sind Politiker, die im Bundestag eine Rede halten oder der amtierende US-Präsident Donald Trump. Doch was steckt hinter dieser Form von Körpersprache?

Das wollte auch Amy Cuddy von der Harvard Business School wissen. Dabei hat sie festgestellt, dass spezielle Gesten eine enorme Wirkung haben, wenn diese richtig eingesetzt werden. Durch Power Posen wirken Menschen verlässlicher, energiegeladener und vor allen Dingen überzeugender. In ihren Experimenten, die Amy Cuddy zusammen mit Andy J. Yap und Dana R. Carny der Columbia Universität durchgeführt hat, wurden aus 42 Frauen und Männer zwei Gruppen gebildet.
Gruppe eins hatte den Auftrag für zwei Minuten kraftvolle Posen einzunehmen, die einen hohen Status demonstrieren. Dazu wurden etwa die Füße auf den Tisch gelegt und die Arme hinter dem Kopf verschränkt oder sich lässig angelehnt und die Hände locker aufgestützt. Die zweite Gruppe nahm Posen ein, die das Gegenteil zum Ausdruck bringen.

So setzten sich die Teilnehmer auf einen Stuhl, legten die Arme eng zusammen und die Hände in den Schoß. Bei einer stehenden Pose wurden Arme und Beine verschränkt.

Die Forscher nahmen vor dem Experiment den Teilnehmern Blut ab, um die Testosteron- und Cortisol Spiegel vorher und nachher vergleichen zu können. Das Ergebnis sah folgendermaßen aus: Die Power Poser hatten im Durchschnitt einen um 25 Prozent niedrigeren Cortisol-Spiegel und um 19 Prozent höheren Testosteronspiegel. Bei der zweiten Gruppe lag der Cortisol Wert bei 17 Prozent und der Testosteronspiegel war indes um 10 Prozent gesunken. Nachfolgende Tests haben gezeigt, dass die Power-Posen-Gruppe selbstsicherer und risikofreudiger war.

Wichtig: Power Posen sollten nicht in übertriebenem Maße eingesetzt werden. Denn der Grat zwischen einer arroganten Wirkung und unterstützendem Abbau von Stress ist sehr schmal. Doch diejenigen, die es schaffen, in bestimmten Situationen forsch aufzutreten, haben in vielen Bereichen gute Chancen weiterzukommen.

Die Augen – ein tiefer Einblick in die Seele

Nicht nur Mimik und Gestik, sondern auch die Augen sind verräterisch. Die menschliche Iris ist wie ein Fingerabdruck, über den ein Mensch identifiziert werden kann. So haben beispielsweise internationale Flughäfen wie Frankfurt am Main Augenscanner für die Mitarbeiter, die im Hochsicherheitsbereich arbeiten. Bei jedem Menschen ist die Regenbogenhaut und die Iris anders gestaltet und hat genauso wie ein Fingerabdruck ein ganz eigenes Muster. Es gibt Furchen, Flecken und Pünktchen, die bei jedem Menschen anders und damit unverwechselbar sind. Selbst bei genetischen Zwillingen gibt es keine Übereinstimmung.

Zitat: „Die Augen sind das Spiegelbild der Seele.", sagte bereits im 12. Jahrhundert Hildegard von Bingen. Sie zeigen anderen Menschen Traurigkeit, Furcht, Freude und Glück. Ist Ihnen schon einmal aufgefallen, dass sich der erste Eindruck, den Sie über einen anderen Menschen gewinnen, am Gesicht orientiert? Anhand der Form des Gesichtes schätzen die Menschen die Vertrauenswürdigkeit einer anderen Person ein.

Das haben sogar wissenschaftliche Studien ergeben. So wird Männern mit einem breiten Gesicht eher misstraut als Männern mit einem schmalen Gesicht. Zudem spielt die Farbe der Augen eine wichtige Rolle, um eine Beurteilung des Charakters vorzunehmen. So hat Karel Kleisner der Prager Karls Universität herausgefunden, dass Männer mit blauen Augen weniger vertrauenswürdig wirken als solche mit braunen Augen.

Daher ist es nicht verwunderlich, dass seit Menschengedenken der Versuch gestartet wird, in den Augen einer anderen Person deren Absichten und Gedanken zu lesen. Doch was offenbaren die Augen? Wenn Sie einmal darauf achten, werden Sie feststellen, dass Sie im Gespräch der anderen Person ganz automatisch in die Augen schauen. Denn diese geben Auskunft über Gefühle. Sie spiegeln Furcht, Freude und Wut wider, die Sie darin ablesen können. Ganz gleich, was die Körpersprache ausdrückt.
Augen verraten den Menschen immer. Das liegt daran, dass die Augenmuskeln im Inneren durch das vegetative Nervensystem gestreut werden, das nicht bewusst kontrollierbar ist.

Der Hauptübeltäter, der Sie verrät, ist die Pupille, durch die Licht ins Augeninnere gelangt. Sie verändert sich je nach Lichtverhältnis. Bei hellem Licht verengt sie sich und bei Dämmerlicht wird sie weiter. Die Irismuskulatur steuert diese Veränderung. Neben unterschiedlichen Lichtverhältnissen reagiert der Irismuskel auch auf emotionale Faktoren. Sendet das Gehirn, dass mehr Aufmerksamkeit nötig ist, weil Sie vielleicht gerade Angst haben, wird die Pupille erweitert. Dadurch kann mehr Licht ins Auge eindringen und die Umwelt besser wahrgenommen werden. Sie senden mit Ihren Augen Botschaften aus und darum sind sie auch ein Bestandteil der Körpersprache. Folgendes bringen Augen zum Ausdruck:

- ➤ Ich habe Angst – extrem geweitete Pupillen
- ➤ Ich finde dich attraktiv – beim Flirten zeigen geweitete Pupillen, dass Ihnen die ganze Aufmerksamkeit gehört
- ➤ Es ekelt mich an – die Pupillen ziehen sich zusammen

☐ ➤Ich habe Wut im Bauch – ein

entscheidender Faktor ist die Blickrichtung.
Neben dem direkten bösen Blick werden
gleichzeitig die Augenbrauen
zusammengezogen.

☐ ➤Ich sage nicht die Wahrheit – es gibt

kriminologische Methoden, um an der
Augenbewegung herauszufinden, ob die
Wahrheit gesagt oder gelogen wird. Dabei
wird davon ausgegangen, dass Menschen,
die sich eine Geschichte ausdenken, mit den
Augen an einer anderen Stelle verweilen als
Menschen, die sich an wichtige Fakten
erinnern. Allerdings ist diese Methode
umstritten.

☐ ➤Ich bin krank – Ärzte nutzen den

Pupillenreflex, um die Funktionalität des
Gehirns zu überprüfen. Eine ungleiche
Reaktion kann auf eine schwerwiegende
Erkrankung wie einen Hirntumor hinweisen.

Geweitete Pupillen können aber auch ein Hinweis darauf
sein, dass die Person Drogen konsumiert hat. Dieser

Effekt stellt sich beispielsweise bei Halluzinogenen oder Cannabis ein.

Augen verraten sehr viel und in Kombination mit der Körpersprache und gesagten Worten können Sie herausfinden, was die Person im Schilde führt. Sie erkennen, ob der Mensch Ihnen gut gesonnen ist oder Sie nur manipulieren möchte.

Körperhaltung – das Spiegelbild des Selbstbewusstseins

Die Haltung des Körpers hat genauso wie die Körpersprache eine Signalwirkung und kann große Sicherheit und ein starkes Selbstbewusstsein, genauso wie Ängstlichkeit und wenig Selbstvertrauen ausdrücken. Sie kennen garantiert auch die Ermahnungen Ihrer Großmutter, die immer wieder darauf hingewiesen hat, dass Sie sich gerade halten und dabei den Bauch einziehen und die Brust rausstrecken sollen. Die Körperhaltung sagt immens viel über einen Menschen aus und sie ist bereits von Weitem zu erkennen.

Mit der richtigen Körperhaltung zeigen Sie beispielsweise Willensstärke, Selbstvertrauen und Selbstsicherheit. Das registrieren auch Menschen, die darauf aus sind, Sie manipulieren zu wollen. Manipulatoren, die mit Gaslighting oder Disrupt then reframe beeinflussen wollen, geben Sie sofort das Gefühl, dass diese sich an Ihnen die Zähne ausbeißen werden. Darum ist es wichtig, dass Sie auf Ihre Körperhaltung achten und die richtigen Signale senden.

Die Interpretation von Körperhaltung

Bei Sportlern, die vor einem entscheidenden Wettkampf stehen, ist eine kraftvolle, energiegeladene Körperhaltung festzustellen, weil diese eine besondere Körperspannung erzeugen. Diese gelingt durch einen geraden Rücken. Dafür werden die Schultern nach hinten genommen, die Brust wölbt sich nach aus und der Bauch wird leicht eingezogen. Sehr gut erkennen lässt sich diese Haltung bei Tänzern, Läufern, Bogenschützen und Gewichthebern. Sportler kennen ihren Körper, wissen, wo die unterschiedlichen Muskeln liegen und sind in der Lage, spezielle Muskelgruppen anzuspannen, um den gewünschten Effekt zu erreichen.

Wer etwas für seine Körperhaltung machen möchte, sollte Muskelaufbau betreiben. Die dadurch entstehende aufrechte Haltung sorgt ganz automatisch für mehr Attraktivität und erhöht gleichzeitig Ihre Chancen in vielen Bereichen, da Sie eine überzeugende Selbstdemonstration hinlegen. Haben Sie sich einmal vor den Spiegel gestellt und die eigene Körperhaltung genauer betrachtet? Was sehen Sie? Eine Person mit gesenktem Blick und herabhängenden Schultern?

Oder eine aufrechtstehende Persönlichkeit, die Kraft ausstrahlt und voller Energie steckt? Strahlen Sie Dynamik und Selbstbewusstsein aus oder doch eher Angst, Unzufriedenheit, Kummer und wenig Selbstvertrauen? Für Manipulatoren sind Sie das perfekte Opfer, mit denen sie recht leichtes Spiel haben, um Sie mental für die eigenen Zwecke zu beeinflussen.

Machen Sie sich bewusst, dass Sie in jeder Lebenslage, ob im Beruf oder Privatleben immer beobachtet werden. Wichtig ist daher, dass Sie richtig wahrgenommen werden. Und ja, die richtige Wahrnehmung durch andere Menschen ist harte Arbeit, weil Sie an vielen Stellen gleichzeitig eine Veränderung herbeiführen müssen. Doch an erster Stelle geht es darum, mehr Selbstvertrauen, Selbstsicherheit und innere Stärke zu erlangen, um selbstbewusst durch das Leben zu gehen. An der Körperhaltung können Sie ganz gezielt arbeiten, wenn Sie wissen, wie Sie sich selbst am besten präsentieren. Ein erhobener Kopf und ein offener Blick strahlen Kompetenz und einen hohen Status aus. Beobachten Sie einmal die Menschen in Ihrem Umfeld. Sie werden feststellen, wie verschieden Körperhaltung, Körpersprache und die Ausdrucksweisen sind. Was machen diese anders als Sie selbst?

Stellen Sie ruhig einen Vergleich mit starken Persönlichkeiten und erfolgreichen Menschen an und versuchen Sie so objektiv wie möglich sich selbst wiederzuerkennen.

- ☐ Achten Sie einmal genau auf Ihre Art zu gehen. Heben Sie die Füße beim Laufen oder schlurfen Sie? Ein solcher Gang wirkt nachlässig und hat nichts mit Lässigkeit gemeinsam. Wer die Füße nicht vom Boden gelöst bekommt, zeigt wenig Dynamik, Traurigkeit, Erschöpfung oder sogar Aufsässigkeit, da Konventionen nicht beachtet werden.

- ☐ Sitzen Sie bei einem Stuhl immer auf der vordersten Kante? Damit signalisieren Sie, dass Sie unsicher, angespannt und jederzeit fluchtbereit sind. Die gleichen Signale senden Sie, wenn Sie nicht stillsitzen können. Versuchen Sie lieber die gesamte Sitzfläche für sich zu beanspruchen und stillzusitzen.

- ☐
- ☐

- Wer die Ellenbogen abstützt und das Kinn in die Hände legt, vermittelt den Eindruck von großer Müdigkeit und Langeweile. Im Gespräch ist eine solche Körperhaltung wenig schmeichelhaft.

- Nervosität wird deutlich, wenn das Standbein dauernd gewechselt wird. Schnell wird der Eindruck vermittelt, dass andere Prioritäten vorrangig sind und das geführte Gespräch keine Wichtigkeit hat.

- Verstecken Sie Ihre Hände? Auch wenn dieses eher zur Körpersprache gehört, steht das in enger Verbindung zur Körperhaltung. Häufig werden die Hände versteckt, weil Menschen nervös, gelangweilt, genervt oder unsicher sind. Dabei wird gleichzeitig von einem Standbein auf das andere gewechselt. Besser ist, wenn die Hände dafür genutzt werden, die getätigte Aussage zu unterstreichen, um mehr Gewicht zu erzeugen.

Haben Sie sich wiedererkannt? Dann sollten Sie an Ihrer Körperhaltung arbeiten. Denn wer sich in einer besseren Haltung übt, bringt Körper und Geist in Einklang.

Abgesehen von den gesundheitlichen Effekten, die durch eine bessere Körperhaltung eintreten, sorgen Sie gleichzeitig für ein besseres Wohlbefinden und ein neues Selbstbewusstsein. Es muss nicht gleich jeden Tag trainiert werden, um Muskulatur aufzubauen. Es reichen oft schon kleine Dinge, um anderen ein gestärktes Selbstbewusstsein zu präsentieren. Durch eine aufrechte Körperhaltung mit straffen Schultern und geradem Rücken zeigen Sie innere Stärke. Sie fallen aus dem Beuteschema von Manipulatoren heraus, weil diese genau wissen, dass Sie ihnen schnell auf die Schliche kommen und den Spieß herumdrehen werden. Mit einfachen Tricks können Sie Ihre Körperhaltung verbessern und mehr Selbstbewusstsein ausstrahlen.

Tipps für Körperhaltung und Körpersprache

Egal, ob ist sitzen, gehen oder stehen – halten Sie sich immer vor Augen, welches Bild Sie mit der gerade eingenommenen Körperhaltung erzeugen. Wenn Sie merken, dass Sie den Kopf einziehen und die Schultern hängen lassen, richten Sie den Oberkörper auf, straffen Sie die Schultern und heben Sie das Kinn an.

Der Spiegel ist ein gutes Werkzeug, der Ihnen dabei hilft, die Körperhaltung zu verbessern. Jedes Mal, wenn Sie an einem Spiegel vorbeikommen, schauen Sie genau hin, wie Ihre Körperhaltung gerade ist und passen Sie diese an. Das Gleiche gilt auch für die Art, wie Sie gehen. Mit einem leicht federnden Gang versprühen Sie Vitalität und Tatendrang. Durch die Selbstbeobachtung sind Sie in der Lage, die Körperhaltung zu verändern und sich Ihrer Körpersprache bewusst zu werden. Bedenken Sie, dass Stress einen großen Einfluss auf die Ausstrahlung hat. Körperbewegungen erfolgen vielfach unbewusst und geben ungefiltert den Blick ins Innere frei. Um Körperhaltung und Körpersprache zu disziplinieren, ist vor allen Dingen Authentizität wichtig.

Es funktioniert nicht, wenn Sie sich verstellen, um ein anderes Bild erzeugen zu wollen. Es reicht nämlich nicht aus, schlechte Gewohnheiten, wie zusammengefallenes Sitzen zu verändern und sich gerades Sitzen anzutrainieren. Alle Signale, die Sie vermitteln, benötigen eine stimmige Koordination. Dazu gehören Körpersprache wie Mimik und Gestik, Körperhaltung und vor allen Dingen auch die Stimme. Diese ganzheitliche Koordination funktioniert nur, wenn Sie authentisch sind. Anderen etwas vorspielen, was gar nicht vorhanden ist, schafft kein Mensch auf Dauer und das erzeugte Bild wird von Unglaubwürdigkeit eingerahmt.

Ihre Ausstrahlung zeigt immer, welche Empfindungen Sie gerade haben. Körpersprache und Körperhaltung zeigen, ob Sie glücklich, unglücklich, ängstlich, wütend oder selbstsicher sind. Es bringt Sie aber nicht weiter, wenn Sie sich künstlich Signale antrainieren. Dieser „Möchte-Gern-Ausdruck" spiegelt wenig Authentizität und Überzeugungskraft wider. Daher sollten Sie lieber herausfinden, wo das Problem liegt. Wenn Sie dieses herausgefunden haben, können Sie aktiv werden und Gegenmaßnahmen ergreifen.

Wenn Sie beispielsweise merken, dass ein Gesprächspartner in Sie einzudringen versucht, um Sie zu manipulieren, versuchen Sie herauszufinden, warum Sie gerade das Opfer sind. Finden Sie heraus, welcher Zweck hinter der Manipulation steckt. Welche Vorteile erlangt diese Person dadurch? Schaffen Sie Abhilfe oder drehen Sie den Spieß einfach herum. Menschen, die Erfolg haben und Freude empfinden, strahlen dieses mit ihrer Körperhaltung aus. Steht ein Gespräch an, vor dem Sie sich eventuell fürchten, erzeugen Sie in Ihrem Kopf den Gedanken, dass Sie garantiert erfolgreich sein werden. Mit dem Gefühl gehen Sie in das Gespräch. Die Zuversicht wird Sie dabei unterstützen, erfolgreich zu sein. Auf diese Weise können Sie auch Manipulation entgegentreten, wenn Sie diese erkannt haben. Sie wollen sich nicht von anderen Menschen für Ihren Zweck benutzen lassen und haben die Zuversicht, dass Sie sich gezielt dagegen wehren können, weil Sie die jeweilige Körpersprache und Körperhaltung richtig einschätzen und selber anwenden können.

Tragen Sie Kleidung, in der Sie sich rundum wohlfühlen. Klar gibt es im Business einen Dresscode, der eingehalten werden muss.

Doch haben Sie immer wieder die Möglichkeit mit kleinen Details einen Wohlfühlcharakter herzustellen. Kleidung kann einengen und die Luft zum Atmen nehmen. Damit strahlen Sie Unwohlsein aus und verlieren die wichtigen Dinge aus dem Blickfeld.

Versuchen Sie, immer positiv zu denken, auch wenn es in manchen Situationen wirklich schwerfällt. Mit einer positiven Einstellung erzeugen Sie auch ein positives Bild von sich selbst. Sie zeigen Selbstbewusstsein, Selbstvertrauen und innere Stärke und können allen Widrigkeiten die Stirn bieten. Nur wer mögliche Fehler sucht und Schwierigkeiten heraufbeschwört, wird diese auch magisch anziehen.

Das Zusammenspiel verschiedener Faktoren für die eigene Darstellung

Es sind viele Komponenten, die eine ausdrucksstarke Persönlichkeit ausmachen. Darum reicht es nicht aus, nur an einer Stelle Veränderungen herbeizuführen. Das Gesamtpaket beinhaltet den Aufbau von Selbstvertrauen, innerer Stärke, Selbstbewusstsein, Selbstwert, Selbstachtung und Annahme der eigenen Person. Allem voran steht aber die Selbsterkenntnis, mit der Sie herausfinden, was Ihnen fehlt. Es sind oftmals nur Kleinigkeiten, die Sie verändern müssen, um eine große Wirkung zu erzeugen.

Stellen Sie sich die Frage, in welche Richtung Sie aufbrechen wollen und finden Sie heraus, wie Sie Veränderungen schaffen können. Wenn Ihnen der Glaube an Sie selbst und Ihre Fähigkeiten fehlt, halten Sie sich vor Augen, was Sie bisher alles erreicht haben. Es wird immer wieder Menschen in Ihrem Umfeld geben, die Ihre Erfolge kleinreden und Ihnen ein schlechtes Gewissen machen wollen. Haben Sie einmal darüber nachgedacht, dass diese Menschen vielleicht von Neid und Missgunst getrieben werden?

Gehen Sie auf Ursachenforschung und finden Sie heraus, was diese Menschen erreicht haben und stellen Sie einen direkten Vergleich an. Mit den Manipulationsversuchen wollen Menschen nur emotionale Abhängigkeit erreichen. Denn fast jeder Mensch ist eigentlich immer auf Anerkennung von außen bedacht.

Es gibt aber auch diese Personen, die nicht nur darauf aus sind, Komplimente zu erhalten. Sie besitzen die innere Überzeugungskraft und das Selbstbewusstsein, dass ihre Entscheidungen richtig sind. Sie haben Freude am Leben und scheuen sich vor keiner Herausforderung. Angst kennen sie kaum, da sie die innere Stärke besitzen, auch Fehler einzugestehen und nicht den Kopf in den Sand zu stecken. Es wird nach neuen Wegen und Lösungsmöglichkeiten gesucht, um Probleme aus der Welt zu schaffen. Mit ihrem Selbstvertrauen haben sie die Gewissheit, dass es für jedes Problem eine Lösung gibt. Auch, wenn diese nicht immer auf direktem Weg zu finden ist. Bei Manipulationsversuchen wird genau geschaut, wohin diese führen sollen. Bis zu einer emotionalen Abhängigkeit kommt es erst gar nicht, weil sie Mittel und Wege kennen, Manipulation für sich selbst zu nutzen. Dabei steht nicht nur die eigene Zielerreichung im Vordergrund.

Durch hohe soziale Kompetenz wird versucht, Manipulation positiv einzusetzen. Sie verleihen mit der Körpersprache und der Körperhaltung den gesagten Worten ein hohes Gewicht. Hören Sie einmal einem begnadeten Redner genau zu und achten Sie auf die Wahl der Worte und der Stimme. Diese Menschen wissen ganz genau, welche Tonalität angeschlagen werden muss, um überzeugend zu wirken. Sie sprechen niemals monoton, sondern variieren in Lautstärke, Modulation und Sprechgeschwindigkeit. Es werden kurze und längere Sprechpausen eingelegt, damit die gesagten Worte beim Zuhörer ankommen und dort bestimmte Gedanken anstoßen. Selbst Zweifler und notorische Neinsager lassen sich mit dem richtigen Gebrauch von Worten, Körpersprache und Stimme überzeugen.

Wie verhält es sich bei Ihnen mit der Ausdrucksweise und Stimme? Wer leise und monoton spricht, wirkt ängstlich und wenig überzeugend. Nicht auffallen oder im Rampenlicht stehen ist oftmals die Devise. Doch wer einmal in sich hineinhorcht, stößt schnell auf Dinge, die er sehr gut kann und für die sich nicht versteckt werden muss.

Auch wenn niemand vor Manipulation gefeit ist, werden Menschen, die sich nur wenig zutrauen, viel öfter manipuliert und in eine emotionale Abhängigkeit geführt. Denn Manipulatoren nutzen Angst und ein geringes Selbstwertgefühl für die eigenen Zwecke aus. Indem Sie sich die unterschiedlichen Fähigkeiten aneignen oder diese weiter ausbauen, gehen Sie den richtigen Schritt, um an der eigenen Darstellung zu arbeiten und Ihren Mitmenschen eine starke Persönlichkeit zu präsentieren. Arbeiten Sie an sich selbst. Neben professioneller Hilfe gibt es bestimmt auch einen sehr guten Freund oder eine sehr gute Freundin, die Ihnen dabei hilft, Körperhaltung und Körpersprache zu verbessern, Selbstbewusstsein aufzubauen und Selbstvertrauen zu erlangen. Damit erlangen Sie eine gute Grundlage, um Manipulationen zu erkennen, umzukehren und positiv zu nutzen.

Manipulationsversuche für sich selbst nutzen

Auch wenn Manipulation einen negativen Beigeschmack hat, gibt es auch positive Eigenschaften, die Sie perfekt für sich selbst einsetzen können. Es geht dabei darum, eigene Ziele zu erreichen, ein angenehmeres Leben zu gestalten, ohne andere Personen damit automatisch fehlzuleiten oder schlecht zu behandeln. Wenn Sie den Versuch der Manipulation für sich selber nutzen, sollten Sie ein moralisches Leitbild verwenden und auf das manipulative Verhalten projizieren, um nicht menschenverachtende Verhaltensweise an den Tag zu legen. Das geschieht beispielsweise bei Gaslighting oder Disrupt then refame.

Es ist nichts Verwerfliches, wenn Sie Manipulation dazu verwenden, die Sympathie der neuen Kollegin oder eine Gehaltserhöhung zu bekommen. Kirche, Politik, Medien oder die Werbung, genauso die Familie, Freunde, Bekannte und Mitmenschen, alle arbeiten mit Manipulationstechniken. Die einen bewusst, die anderen unbewusst. Sie können nur souverän damit umgehen, wenn Sie die Techniken kennen und diese auch für Ihre eigene Sache einsetzen.

Damit Sie Manipulationsversuche für Ihre Zwecke nutzen können, müssen Sie im Prinzip dazu bereit sein, andere Menschen zu fremdbestimmten Marionetten zu machen. Ein wichtiger Faktor ist dabei, wie andere Menschen diese Manipulation sehen. Dabei geht es um den berühmten **„ersten Eindruck"**, den Sie vermitteln. Es gibt natürlich immer wieder die Möglichkeit auf eine zweite oder dritte Chance. Doch wer mit dem psychologischen Effekt des ersten Eindrucks richtig umgeht, hat es im Leben deutlich leichter. Das gilt nicht nur bei einem Date, sondern auch beim Mieten einer Wohnung und einem Vorstellungsgespräch. Erwiesenermaßen bestimmt der erste Eindruck maßgeblich, wie der andere die Erfahrungen und Eindrücke mit Ihnen im Gehirn einsortiert. Eine Manipulation in Bezug auf den ersten Eindruck ist nicht unmoralisch. Daher können Sie sich diese bedenkenlos zunutze machen. Wissen sollten Sie aber, dass Sie nicht mehr 0,3 bis 0,7 Sekunden Zeit haben, um den Gesprächspartner zu überzeugen. Dabei zählt weniger das gesprochene Wort, sondern vielmehr die Körpersprache, Körperhaltung, der Gang, die Augen, die Stellung der Füße und der Händedruck.

Passen diese Dinge alle zusammen und ergeben sie ein symmetrisches Bild Sie haben die Denkweise der anderen Person beeinflusst und damit das Spiel 1: 0 für sich entschieden.

Schon einmal etwas vom Halo-Effekt gehört? Beim **Halo-Effekt** geht es um eine messbare kognitive Verzerrung. Dabei werden von bereits bekannten Eigenschaften einer Person Rückschlüsse auf unbekannte Eigenschaften gezogen.

Beeinflusst werden die Rückschlüsse durch die Gesamtheit der Prozesse, die im Zusammenhang mit Wahrnehmen und Erkennen bestehen. In Studien wurde beobachtet, dass dieselben Mechanismen wie beim Kennenlernen eines neuen Menschen zum Einsatz kommen. Die ersten Charakterzüge haben eine solche Strahlkraft und sind in ihrer Art so dominant, dass alle weiteren Informationen zur Person auf der gleichen Ebene wahrgenommen und eingeordnet werden. Der Halo-Effekt ist überaus manipulativ, wenn Sie vorab über eine noch unbekannte Person reden. Damit beeinflussen Sie die Wahrnehmung anderer Menschen.

Wenn Sie merken, dass andere Personen in diese Richtung manipuliert wurden, nutzen Sie das zu Ihrem Vorteil und überlegen Sie, welche Eigenschaft in diesem Kontext am sinnvollsten ist, um sich besonders darzustellen. Wenn Sie in Menschen lesen können, erkennen Sie schnell, ob Sie es mit einem Manipulator zu tun haben. Sie erkennen, wie dieser Mensch tickt, wenn Sie die beschriebenen Manipulationstechniken kennen. Wichtig ist beobachten und Zeichen erkennen. Mit Empathie bzw. Einfühlungsvermögen können Sie sich in den anderen hineinversetzen und seine Stärken sowie Schwächen herausfinden. Menschen unterscheiden sich in rationale und emotionale Typen und sind aber gleichzeitig ein Produkt ihrer Sozialisation. Versucht ein rational denkender Mensch Sie zu manipulieren, kommen Sie mit Ihren Emotionen kein Stück weiter. Verfolgen Sie einen rationalen Ansatz, um den Manipulationsversuch für Ihre Zwecke zu nutzen. Damit geben Sie der Person das Gefühl, dass der neu eingeschlagene Weg seinen eigenen Ideen und Vorstellungen entspringt. Gestalten Sie diese Kehrtwendung behutsam, um Respekt und Sympathie zu erhalten, die Ihnen entgegengebracht wird.

Ist die Person, mit der Sie gerade reden eher ein gefühlsbetonter Mensch, der aus dem Bauch heraus entscheidet, haben Sie leichtes Spiel, Manipulation für sich zu nutzen.

Sie müssen nur herausfinden, welche Gefühle geweckt werden müssen. Wenn Sie beispielsweise Hilflosigkeit zur Schau stellen, hat das bei Menschen mit einem Helfer-Syndrom große Wirkung. Genauso wie Sie selbst, sind auch andere Menschen durch das soziale Umfeld geprägt. Um Manipulation für die eigenen Zwecke zu nutzen, müssen Sie viele Dinge über den anderen in Erfahrung bringen. Dazu gehören beispielsweise Schuldkomplexe, Versagensängste und Verlustängste. Je mehr Sie darüber wissen, umso besser können Sie den gegenüber in Ihre gewünschte Richtung bringen.

Indem Sie Ihrem Gesprächspartner einen Spiegel vorhalten, drehen Sie den Spieß einfach um. Diese Methode stammt aus der neurolinguistischen Programmierung. Menschen gefällt es, wenn Sie den Eindruck haben, dass zwischen ihnen und der anderen Person Ähnlichkeiten bestehen. Damit wird er offener für Forderungen, die Sie zu stellen beabsichtigen.

Nehmen Sie beispielsweise die gleiche Körperhaltung ein und verwenden Sie die gleiche Mimik und Gestik oder stellen Sie eine spezielle, emotionale Haltung wie

Fröhlichkeit oder Begeisterung zur Schau. Damit nutzen Sie die gleichen Methoden der Manipulation und haben gute Chancen, die Situation für Ihre Ziele zu nutzen.

Manipulation und die Versuche der Beeinflussung sind nicht im privaten Bereich, sondern auch beruflich einsetzbar. Wichtig ist, dass Sie, sobald Sie eine Manipulation von einer anderen Person spüren, gezielte Gegenmaßnahmen ergreifen und die Manipulationstechniken für Ihre eigenen Zwecke nutzen.

Situationen manipulieren und erfolgreich damit arbeiten

Es gibt verschiedene Verhaltensmuster, die Sie für Ihr Ziel nutzen können, um andere zu beeinflussen und damit der Zielerreichung näherzukommen. Diese Strategien sind gut erlernbar und helfen dabei, Manipulationen entgegenzuwirken, den Spieß umzudrehen und für die eigene Sache zu nutzen.

1. Ist ein Kollege wütend auf Sie, versucht einen Streit anzuzetteln und will Sie dahingehend beeinflussen, dass Sie für etwas verantwortlich sind, was er verbockt hat, stellen Sie sich einfach neben und nicht vor ihn. Mit dieser Geste erscheinen Sie nicht mehr als Bedrohung oder Gegner. Ihr Kollege wird sich schneller wieder beruhigt. Damit haben Sie erreicht, dass Sie den Zorn nicht direkt abbekommen.

2. Wenn Sie etwas von einem Kollegen brauchen, beginnen Sie den Satz mit den Worten: „Ich brauche Hilfe." Diese Konstellation der Worte erhöht die Chancen, dass Sie die gewünschte Hilfe erhalten. Niemand mag das schlechte Gefühl, wenn die Bitte um Hilfe ausgeschlagen wird. („Benjamin-Franklin-Effekt")

3. Wenn der Kollege nein sagt, bitten Sie ihn um etwas Unverhältnismäßiges und schieben Sie das eigentliche Gesuch um Hilfe hinterher. Da keiner gerne als Unmensch dastehen möchte, wird viel eher ja gesagt.

4. Wenn Sie von jemandem Zustimmung haben wollen, nicken Sie, während Sie sprechen. Diese Gestik sorgt mit großer Wahrscheinlichkeit dafür, dass der Gesprächspartner auch nickt und damit unterbewusst seine Zustimmung gibt.

5. Hören Sie genau zu, was die andere Person sagt und formulieren Sie das Gesagte mit Ihren eigenen Worten. Damit unterstreichen Sie auf der einen Seite, dass Sie genau zugehört haben. Auf der anderen Seite können Sie mit der richtigen Wortwahl und Körpersprache den Ausgang des Gesprächs beeinflussen.

6. Wenn Sie von jemandem nicht gemocht werden, bitten Sie diese Person um eine klitzekleine Gefälligkeit. Diese wird die Person Ihnen nicht abschlagen. Das Handeln wird damit gerechtfertigt, dass die Person Sie anschließend lieber mag. Dieses Fuß-in-Tür-Phänomen bereitet für Sie den Weg, dass diese Person auch einen zweiten oder dritten Gefallen nicht ausschlagen wird.

7. Menschen sind narzisstisch veranlagt und lieben es mit dem Namen angesprochen zu werden. Nutzen Sie dieses zu Ihrem Vorteil, um den Gesprächspartner zu manipulieren.

8. Achten Sie auf Ihre Gestik und setzen Sie diese klug und bedacht ein. Wenn Ihr Gesprächspartner ein guter Manipulator ist, kann er Mimik und Gestik schnell deuten. In Kombination mit den richtigen Worten hat Körpersprache und Körperhaltung einen deutlich höheren Stellenwert und ergibt ein gutes Werkzeug, dass Sie bei Gehaltsverhandlungen im Job, genauso wie im privaten Bereich einsetzen können.

9. Versuchen Sie zu Ihrem Gesprächspartner immer Blickkontakt zu halten. Damit demonstrieren Sie Selbstsicherheit und ertappen den anderen schnell dabei, wenn er Sie manipulieren möchte. Augen sind das Spiegelbild der Seele. Sie zeigen, ob der Gesprächspartner Ihnen gerade eine Lüge auftischt. Ihr Erkennen zeigt ihm, dass Sie genau wissen, dass er Sie in eine andere Richtung bringen möchte.

10. Wenn Ihr Gesprächspartner auf Ihre Frage antwortet, Sie aber das Gefühl haben, dass er etwas zurückhält, warten Sie so lange, bis er die komplette Antwort

ausgesprochen hat. Suchen Sie den Blickkontakt, ohne ein Wort zu sagen. Mit dieser Art von Gesprächstaktik beeinflussen Sie den Gesprächspartner und werden vermutlich die ganze Antwort bekommen.

11. Geben Sie Ihren Mitmenschen und Arbeitskollegen immer die Möglichkeit einer Wahl. Damit erhalten Sie das Gefühl, dass Sie die Kontrolle über die jeweilige Situation haben. Die damit einhergehende Manipulation wird Sie sicherlich näher an Ihr Ziel heranbringen.

12. Reichen Sie Ihrem Gesprächspartner, ob Chef oder Kollege, die Hand. Ein warmer Händedruck vermittelt Sympathie und ist eine gute Art, um eine andere Person in Ihrer Denkweise über Sie zu beeinflussen.

Wie Sie Menschen manipulieren, um an Ihr Ziel zu kommen

Steve Jobs, der Gründer der beiden Unternehmen, Pixar und Apple hat immer verschiedene, einzigartige Wege gewählt, um seine Ziele zu erreichen. Sie begründeten sich auf seiner eigenen Realität und mitunter auch auf einer verzerrten Sichtweise, um Menschen davon zu überzeugen, dass es nur seine Sichtweise gibt. Damit ist es im hervorragend gelungen, die Unternehmen weiterzuentwickeln und in der Rangfolge weit an die Spitze zu bringen. Dazu wurden von ihm manipulative Taktiken eingesetzt, die er bewusst dazu nutze, um die mächtigsten Geschäftsführer weltweit zu überzeugen. Steve Jobs war ein Genie der Manipulation. Er hat seine Ideen mit Hingabe präsentiert, er war immer brutal ehrlich, arbeitete hart, war sich nie zu schade für Verführung und Schmeicheleien, sagte, das die guten Ideen von anderen kommen, traf Entscheidungen oder änderte seine Meinung und stand dahinter, löste Probleme umgehend und nicht später, begegnete problematischen Menschen gradlinig oder nutzte den Weg des geringsten Widerstands, schmiedete das Eisen, solange es heiß ist, nutze seinen Einfluss und ließ nichts anderes als Perfektion zu.

Über ähnliche Talente verfügten Martin Luther King, der mit seiner Rede gegen Diskriminierung und Sklaverei viel in Bewegung setzte. Weitere Persönlichkeiten, die für eine gute Sache einstanden und denen Menschen folgten, sind Nelson Mandela und Mutter Theresa. Vielleicht erinnern Sie sich noch an die Bhagwan Bewegung in den 1980er Jahren, der sich viele Menschen anschlossen. Die einen bezeichneten Bhagwan Shree Rajneesh als Erlöser und andere als Menschenfänger. Der Inder predigte Enthaltsamkeit und ein Leben in Dekadenz. Er war ein großer Manipulator und schaffte es, mit seinen Reden Begeisterung zu erzeugen. Für jeden Suchenden hatte er die richtige Antwort auf Lager. Sein Markenzeichen war eine gezielte Manipulation, die eine große Wirkung hatte. Sie Sanyassin-Jünger bauten ein wahres Wirtschaftsimperium auf, das bis heute noch aktiv ist, auch wenn Bhagwan schon lange nicht mehr lebt. Egal, wo Sie hinschauen, Manipulation, in die eine oder andere Richtung funktioniert wunderbar.

Die vielen verschiedenen Eigenschaften der unterschiedlichen Persönlichkeiten könnten als Kleinigkeit betrachtet werden. Doch zusammengenommen ergeben sie ein einzigartiges Bild, wodurch beispielsweise Apple den Kultstatus erreicht hat.

Bei Steve Jobs hat es unbeschreibliche Dimensionen angenommen, die Sie aber auch für Ihr Umfeld, den Job, soziale Kontakte, Partnerschaft und Familie nutzen können. Manipulation ist nicht immer nur negativ, solange Sie damit andere Menschen nicht komplett zu Ihrer Marionette machen.

Durch Manipulation erreichen Sie ein glücklicheres, zufriedeneres Lebensgefühl, wenn Sie überzeugend sind und hinter Ihren Wünschen, Träumen, Veränderungen und Ideen stehen. Wenn Sie einen Menschen beeinflussen wollen, zeigen Sie ihm, dass Sie ihn respektieren und dass Manipulation notwendig ist, um weiter gemeinsam Ziele zu verfolgen. Spüren Sie, dass Sie manipuliert werden, hinterfragen Sie die Beeinflussung. Denn damit erkennen Sie die Sichtweise und Ziele, welche die andere Person verfolgt. Ist Ihnen die Person wichtig, werden Sie sich auf Ihren Einfluss einlassen, wenn dieser konform mit Ihren eigenen Vorstellungen geht.

Das große Ziel im Leben ist doch, das jeder für sich und in der Gemeinschaft zufrieden und glücklich ist. Indem Sie eine andere Person beeinflussen, kommen Sie dem Ziel näher.

Nie mehr die Marionette von anderen Menschen sein

Um sich vor negativer Manipulation zu schützen, bei der Ihre Emotionen beeinflusst werden und sich große Zweifel an der eigenen Wahrnehmung breit machten, hilft nur da arbeiten an sich selbst, um mehr Selbstachtung zu erlangen und das Selbstbewusstsein zu stärken. Dazu gehört, dass Sie sich aus Ihrem Schattendasein lösen und endlich ins Licht treten. Um dieses zu schaffen, müssen Sie Vertrauen in sich selbst und die eigenen Wünsche und Ziele haben. Menschen unterliegen in so vielen Bereichen Manipulation, die einfach zugelassen wird. Machen Sie sich diese Dinge bewusst. Politiker, die den Mund aufmachen, Werbung und selbst die Familie sowie der Freundeskreis versuchen Sie zu beeinflussen. Wichtig ist, dass Sie erkennen, ob die Manipulation für die eigene Sache gut ist oder Sie dadurch die Selbstbestimmtheit und Ihre eigene Denkweise verlieren.

Jeder Mensch ist individuell und sollte als Individuum gesehen werden. Allerdings gibt es diese Manipulatoren, die es schaffen, Sie komplett zu verunsichern und Ihre Wahrnehmung geschickt ins falsche Licht rücken.

Meist sind es solche Menschen, denen am meisten
vertraut wird. Diese Erfahrungen sind sehr schmerzhaft
und können sogar zu einem seelischen Schaden führen.
Doch mit der Erkenntnis, dass Sie unter einem negativen
Einfluss stehen, können Sie endlich damit beginnen, dem
Marieonettendasein zu entkommen. Bieten Sie diesen
Menschen die Stirn und zeigen Sie, dass Sie sie
durchschaut haben und nicht mehr nach ihren Regeln
spielen wollen. Stellen Sie Ihre eigenen Regeln auf und
zeigen Sie mit Ihrer Körperhaltung, Körpersprache und
Ihrer Stimme, wer Sie sind. Sie haben die Fähigkeiten, die
Sie nur wieder aktivieren müssen.

Max Krone

Band 1 (Positive Psychologie)
Band 2 (Manipulation & Körpersprache)
Band 3 (Psychologie für Anfänger)
Band 4 (NLP),

sowie weitere Bücher von **Max Krone** sind jetzt auf
Amazon verfügbar.
Dafür einfach **Max Krone** in die Amazon Suchleiste
eingeben.

Urheberrecht

Alle Inhalte dieses Werkes sowie Informationen, Strategien und Tipps sind urheberrechtlich geschützt. Alle Rechte sind vorbehalten. Jeglicher Nachdruck oder jegliche Reproduktion – auch nur auszugsweise – in irgendeiner Form wie Fotokopie oder ähnlichen Verfahren, Einspeicherung, Verarbeitung, Vervielfältigung und Verbreitung mit Hilfe von elektronischen Systemen jeglicher Art (gesamt oder nur auszugsweise) ist ohne ausdrückliche schriftliche Genehmigung des Autors strengstens untersagt. Alle Übersetzungsrechte vorbehalten. Die Inhalte dürfen keinesfalls veröffentlicht werden. Bei Missachtung behält sich der Autor rechtliche Schritte vor.

Haftungsausschluss und Impressum

Der Inhalt dieses Buches wurde mit sehr großer Sorgfalt erstellt und geprüft.

Für die Richtigkeit, Vollständigkeit und Aktualität des geschriebenen kann jedoch keine

Garantie gewährleistet werden.

Sowie auch nicht für Erfolg oder Misserfolg bei der Anwendung des gelesenen.

Der Inhalt des Buches spiegelt die persönliche Meinung und Erfahrung des Autors wider.

Der Inhalt sollte so ausgelegt werden, dass er dem Unterhaltungszweck dient.

Er sollte nicht mit medizinischer Hilfe verwechselt werden.

Juristische Verantwortung oder Haftung für kontraproduktive Ausführung oder falsches Interpretieren von Text und Inhalt wird nicht übernommen.

Impressum

Autor: Max Krone

vertreten durch:

MAK DIRECT LLC
2880W OAKLAND PARK BLVD, SUITE 225C
OAKLAND PARK, FL 33311
FLORIDA